# Determinantes do Trabalho Médico

# Determinantes do Trabalho Médico

ESTUDO DE AVALIAÇÃO EM SAÚDE

2022

Mário Bernardino

ALMEDINA

**DETERMINANTES DO TRABALHO MÉDICO**
AUTOR
Mário Bernardino
EDITOR
EDIÇÕES ALMEDINA, S.A.
Avenida Emídio Navarro, 81, 3D
3000-151 Coimbra
Tel.: 239 851 904 · Fax: 239 851 901
www.almedina.net · editora@almedina.net
DESIGN DE CAPA
FBA.
PRÉ-IMPRESSÃO
EDIÇÕES ALMEDINA, S.A.
IMPRESSÃO E ACABAMENTO

Outubro, 2022
DEPÓSITO LEGAL
....



ALMEDINA | GRUPOALMEDINA

---

***Biblioteca Nacional de Portugal – Catalogação na Publicação***

BERNARDINO, Mário

Determinantes do trabalho médico : estudo de avaliação em saúde. – 1ª ed. – (Fora de colecção)
ISBN 978-989-40-0858-3

CDU 614

# AGRADECIMENTOS

Agradeço a colaboração dos participantes médicos, dirigentes, gestores, especialistas e outros atores do sistema de saúde português que, entre julho de 2020 e fevereiro de 2021, apesar das limitações de disponibilidade decorrentes do contexto pandémico, aderiram com reflexões relevantes sobre o *status quo* e apresentaram contributos valiosos.

Quero, especialmente, evidenciar o privilégio de ter contado com o incentivo e disponibilidade da professora Zulmira Hartz, e agradecer o seu apoio.

Também agradeço aos meus amigos, colegas de profissão e da comunidade académica e, em especial, o apoio e contribuições das professoras Isabel Craveiro e Ana Abecasis.

A todos, apresento o meu reconhecimento e gratidão.

# NOTA PRÉVIA

Esta obra exibe um resumo da tese com o título «Avaliação da Política de Organização da Atividade Médica», para obtenção do grau de doutor em Saúde Internacional, especialidade Políticas de Saúde e Desenvolvimento, do Instituto de Higiene e Medicina Tropical da Universidade Nova de Lisboa. As provas públicas de doutoramento ocorreram em 21 de junho de 2022.

Para esta edição em livro, foi necessário condensar um trabalho de investigação segundo critérios de clareza, objetividade e acessibilidade para um público mais alargado.

Foram retirados os anexos relacionados com as atividades de investigação como questionários, consentimentos informados e demais documentos de recolha e tratamento de dados. Foi, também, retirada uma pesquisa de natureza empírica com análise das tendências teórico-metodológicas e conceptuais da política de organização da atividade médica em Portugal, trabalho publicado em anais do Instituto de Higiene e Medicina Tropical[1] com o título *Pandemias, epidemias e crises humanitárias: proteger os recursos humanos em saúde.*

Por outro lado, esta edição integra uma versão adaptada do trabalho publicado sob a forma de artigo científico,[2] intitulado «Estudo de avaliabilidade

[1] Bernardino, M. (2020). A política de organização da atividade médica em Portugal. *Pandemias, epidemias e crises humanitárias: proteger os recursos humanos em saúde.* Edição Anais IHMT v. 19 (2020). DOI: https://doi.org/10.25761/anaisihmt.358.

[2] Bernardino, M.; Abecasis, A.; e Craveiro, I. (29 de outubro de 2021). Estudo de avaliabilidade da política de organização da atividade médica em Portugal. In *Zulmira Hartz: Inovação, humanidade e dinamismo na pesquisa, no ensino, na gestão e na avaliação em saúde* [Capítulo 5, pp. 167–187]. Linha Editorial Internacional de Apoio aos Sistemas de Saúde – LEIASS.

da política de organização da atividade médica em Portugal», como capítulo 5 do livro *Zulmira Hartz: inovação, humanidade e dinamismo na pesquisa, no ensino, na gestão e na avaliação em saúde.*

Todavia, apesar dos ajustamentos, conforme se depreenderá, estas alterações não afetam a génese e o conteúdo do estudo.

Elegeu-se uma abordagem orientada para os procedimentos e práticas instituídas nos serviços de saúde, sobre a organização da atividade médica, com vista a garantir cuidados de saúde acessíveis e disponíveis.

A base exploratória desta reflexão, ancorada numa articulação de premissas e pressupostos pouco conhecidos, e até agora não questionados, leva-nos a ponderar sobre a dialética entre a conceção e a implementação de uma política de organização da atividade médica, com interesse fundamental em qualquer sistema de saúde.

Disponível *online* no Centro Nacional de Secretários de Saúde – CONASS, https://www.conass.org.br/biblioteca/zulmira-hartz-inovacao-humanidade-e-dinamismo-na-pesquisa-no-ensino-na-gestao-e-na-avaliacao-em-saude/.

# RESUMO

A organização da atividade médica, enquanto intervenção em saúde, visa implementar estratégias e ações para dispor de apoio médico contínuo, por forma a garantir cuidados de saúde disponíveis e acessíveis. Sendo o papel do médico insubstituível, a relação entre a organização do trabalho e os eventuais efeitos nos resultados em saúde constitui o grande dilema desta política basilar para o fortalecimento dos sistemas de saúde, que assumem os desafios da acessibilidade, eficácia e resiliência.

Com o objetivo geral de avaliar a política de organização da atividade médica em Portugal, foram estabelecidos os seguintes objetivos específicos: a) rever a literatura e construir uma base documental para analisar o enquadramento teórico-conceptual desta intervenção; b) avaliar a coerência entre o problema e os objetivos da intervenção, com identificação de áreas críticas a serem priorizadas; c) analisar a intervenção e o seu contexto, para apreciar o modo como provoca mudanças, circunscrevendo os fatores que facilitam ou comprometem a sua implementação.

Concretizou-se uma investigação que visa contribuir para o alargamento do conhecimento sobre a organização da atividade médica e que está suportada em três estudos desenvolvidos com abordagem metodológica qualitativa esboçada como estudo de caso:

- Um estudo de revisão narrativa da literatura, com a finalidade de atualizar o enquadramento teórico-conceptual;
- Um estudo de avaliabilidade, procurando fazer um exame preliminar da intervenção na sua teoria e na sua prática, integrando uma pesquisa

de natureza empírica com análise das tendências teórico-metodológicas e conceptuais da intervenção em Portugal;
- Uma análise de implementação para comparar as relações existentes entre a intervenção e o ambiente, a fim de avaliar a sua transformação e explicar como se adapta ao contexto.

O trabalho foi essencialmente orientado para a investigação da unidade de análise «Portugal», em função das particularidades observadas nos países representativos dos sistemas de saúde de tipo *Beveridge* e *Bismarck* (França, Alemanha e Reino Unido).

Utilizámos como principais instrumentos de recolha de dados a revisão da literatura, os questionários e a observação direta. Para a análise dos dados recorreu-se à técnica da análise de conteúdo que, segundo Bardin, permite examinar a realidade como é realmente retratada pelos agentes envolvidos. Foi possível apurar que, tanto em França como na Alemanha e no Reino Unido, apesar das diferenças subjacentes, a legislação laboral garante condições para a distribuição do horário pelas atividades programada e de urgência. A incompatibilidade do regime de trabalho médico com o período de funcionamento dos serviços de saúde é particularmente observável em Portugal.

Obtiveram-se relatos de experiências e perceções de especialistas, gestores e médicos quanto aos fatores contextuais com influência na intervenção. Foi possível obter acordo sobre o modelo lógico da intervenção e formular perguntas avaliativas úteis para a implementação da mesma.

Foram reconhecidos aspetos relevantes para a racionalidade e a lógica da intervenção: o planeamento de recursos humanos; o regime de trabalho compatível com o funcionamento dos serviços de saúde e com o trabalho em equipa; e a distribuição geográfica dos médicos. Adicionalmente, identificaram-se fatores contextuais determinantes: práticas generalizadas de longas jornadas de trabalho diário; a institucionalização das horas extraordinárias como trabalho programado; a carga horária semanal superior aos limites admissíveis; e a subutilização do regime de prevenção.

Estas conclusões, bem como outras que poderão surgir em avaliações futuras, visam fornecer informação para melhorar a política atual e determinar os seus efeitos para decidir se deve ser mantida ou renovada.

# ABSTRACT

The organization of medical activity as a health intervention aims to apply strategies and actions to provide continuous medical support, in order to ensure available and accessible health care. Since the role of the physician is irreplaceable, the relationship between the work organization and the possible effects on health outcomes represent the major dilemma of this basic policy for strengthening the health systems that take on the challenges of accessibility, effectiveness and resilience.

With the general goal of evaluating the policy for the organization of medical activity in Portugal, the following specific objectives were appointed: a) review the literature and build a documentary base to analyze the theoretical-conceptual framework of this intervention; b) assess the connection between the problem and the objectives of the intervention, identifying the critical areas to be prioritized in the evaluation; and c) analyze the intervention and its context, to appreciate the way it causes changes, circumscribing the factors that facilitate or compromise its implementation.

An investigation was carried out to contribute to the expansion of the knowledge about the organization of the medical activity, and it is supported by three studies developed with a qualitative methodological approach outlined as a case study:

- A literature review study, in order to update the theoretical and conceptual framework;
- An evaluability study, with the aim of making a preliminary examination of the intervention in its theory and practice, integrating an

empirical research with an analysis of the theoretical, methodological and conceptual trends of the intervention in Portugal;
- An implementation analysis to study the relationship between the intervention and the environment, in order to assess its transformation and explain how it adapts to the context.

The works are essentially oriented towards the investigation of the analysis unit «Portugal», depending on the details observed in the representative countries of the Beveridge and Bismarck-type health systems (France, Germany, and the United Kingdom).

As main data collection instruments, we used the literature review, questionnaires and direct observation. For data analysis, the content analysis method was applied, which, according to Bardin, allows the analysis of the reality as it is in fact portrayed by the agents involved.

It was possible to verify that in France, in Germany, and in the United Kingdom, despite the underlying differences, the labor legislation guarantees conditions for time distribution between scheduled and emergency activities. The incompatibility of the medical work regime with the period of activity of health services is particularly notorious in Portugal.

Reports of experiences and perceptions of specialists, managers and physicians were obtained regarding the contextual factors influencing the intervention. It was possible to reach an agreement about the logical model of the intervention and formulate useful evaluative questions for its appliance.

Aspects relevant to the rationality and logic of the intervention were recognized: human resources planning; the work regime compatible with the functioning of health services and teamwork; and the geographic distribution of physicians. Determining contextual factors were also identified: widespread practices of long daily work hours; the institutionalization of overtime as scheduled work; the weekly workload exceeding the admissible limits; and the underutilization of the prevention regimen.

These conclusions, as well as others that may emerge in future evaluations, aim to provide information to improve the current policy and determine its effects, in order to decide whether it should be maintained or transformed.

# ÍNDICE

# ÍNDICE DE FIGURAS E QUADROS

# LISTA DE ABREVIATURAS, SIGLAS E ACRÓNIMOS

| | |
|---|---|
| **ACCEM** | Acordo Coletivo da Carreira Especial Médica |
| **ACT** | Acordo Coletivo de Trabalho |
| **BMA** | British Medical Association |
| **CE** | Comissão Europeia |
| **CRP** | Constituição da República Portuguesa |
| **DL** | Decreto-Lei |
| **EA** | Estudo de Avaliabilidade |
| **EU** | European Union |
| **EUR-Lex** | Acesso ao Direito da União Europeia |
| **GScholar** | Google Scholar, Google Académico |
| **INPS** | Inventário Nacional dos Profissionais de Saúde |
| **ILO** | International Labour Organization |
| **LBS** | Lei de Bases da Saúde |
| **NHS** | National Health Service |
| **OCDE** | Organização para a Cooperação e Desenvolvimento Económico |
| **ODS** | Objetivos de Desenvolvimento Sustentável |
| **OIT** | Organização Internacional do Trabalho |
| **OMS** | Organização Mundial da Saúde |
| **ONU** | Organização das Nações Unidas |
| **PDS** | Permanence Des Soins |
| **PubMed** | US National Library of Medicine, National Institutes of Health |
| **Scielo** | Scientific Electronic Library Online |
| **SNS** | Serviço Nacional de Saúde |

| | |
|---|---|
| **UE** | União Europeia |
| **UK** | United Kingdom |
| **WHA** | World Health Assembly |
| **WHO** | World Health Organization |

# 1. INTRODUÇÃO

## 1.1. *A temática e o contexto*

Num sector que precisa de garantir a prestação de cuidados de saúde de forma contínua, com recurso inevitável ao trabalho noturno e de fim de semana, o regime de trabalho dos profissionais de saúde tem impacto no desempenho individual e organizacional. Acresce que a prestação ininterrupta de cuidados de saúde pode assumir contornos de pressão física, psicológica e emocional sobre os trabalhadores. Assim, conciliar o seu bem-estar com os objetivos de desempenho constitui um desafio crucial para os serviços de saúde.

Além disso, muitos países debatem-se com a transição demográfica, o envelhecimento da população, o avanço das novas tecnologias e a migração de profissionais de saúde. Neste cenário identifica-se, de um modo geral, a escassez da força de trabalho e um desequilíbrio na distribuição geográfica dos profissionais para responder às necessidades emergentes de cuidados de saúde (1) (2). Assim, como noutros sectores económicos, os serviços de saúde precisam de competir cada vez mais por talentos. Nesta competição, a organização do tempo de trabalho é um instrumento essencial para acomodar as necessidades e preferências pessoais, estando intimamente relacionada com o desempenho individual e organizacional em termos de resultados para os utentes, bem como para a segurança e o bem-estar dos profissionais.

Por conseguinte, a organização do trabalho no sector da saúde constitui prioridade para garantir resposta aos desafios de igualdade no acesso e à continuidade dos cuidados. A realização de trabalho em períodos críticos, à noite e aos fins de semana, é imprescindível e mais prevalente relativamente a outros sectores da economia. Implica que, tanto os hospitais públicos como os privados com missões de serviço público, devem garantir acesso aos cuidados de saúde e têm obrigação de assegurar durante o ano todo, dia e noite, resposta adequada para todas as pessoas.

Para responder a este desafio, as leis laborais terão de assegurar suficiente flexibilidade, por forma a garantir a presença permanente de profissionais nos serviços de saúde.

Por outro lado, nos diferentes sistemas de saúde, o médico é o profissional de saúde habilitado para o diagnóstico, tratamento ou prevenção da doença, o que torna a atividade destes profissionais indispensável na prestação de cuidados de saúde.

As disposições que regem os horários de trabalho deste grupo profissional são distintas em vários países, e até dentro destes podem ser encontradas ligeiras diferenças em função das instituições e do tipo de contrato. Todavia, cada país tem um enquadramento geral que estabelece um regime de trabalho (leis, regulamentos e acordos coletivos de trabalho) transversal ao respetivo sistema de saúde.

Não parece haver dúvida de que a organização do trabalho médico é relevante e deve ser programada para garantir a resposta adequada à procura de cuidados de saúde. São conhecidos alguns debates sobre a temática, assim como casos que indiciam conflito entre a organização do trabalho médico e a resposta dos sistemas de saúde:

- Em 1984, no New York City Hospital, uma jovem mulher, assistida por um interno (médico em formação de especialidade) que estava sem dormir há 32 horas, veio a falecer, produzindo na época um grande debate jurídico e social sobre a responsabilidade por tal morte. As discussões ocorridas provocaram mudanças na organização das jornadas de trabalho e formação dos internos. Estes esquemas de trabalho, razoavelmente comuns na comunidade médica, produzem fadiga e favorecem o aparecimento de erros — sendo difícil manter um alto nível de desempenho — no fim de um turno longo de trabalho. Na Inglaterra e nos Estados Unidos, essa discussão terá provocado alterações na carga horária dos internos, as principais vítimas institucionais das longas jornadas laborais (3).

- Em 1993, o Governo da Argentina estabeleceu um regime de descentralização e autogestão dos hospitais públicos na província de Mendoza. Reconheceu que estas instituições com um custo de manutenção tão elevado não poderiam limitar-se a trabalhar apenas 4 horas por dia. Assim, foi prolongado o horário de atendimento até às 20 horas, em alguns casos até à meia-noite, e as atividades de urgência (serviços clínicos, cirúrgico, traumatológico, terapias intensivas, internamento, laboratório, imagiologia, área administrativa, etc.) asseguradas 24 horas por dia (4).
- No Uruguai, reconheceu-se que os recursos humanos são essenciais para qualquer sistema de saúde e que a sua dotação, distribuição, formação e capacitação são determinantes fundamentais quando se pretende garantir o acesso a cuidados de saúde de qualidade e em tempo útil. Alicerçados nesta reflexão, em 2017 clarificaram-se as perspetivas para o futuro e desenharam-se as políticas: os principais desafios tinham que ver com o planeamento de recursos humanos em saúde, implicando, por um lado, identificar as necessidades e os recursos disponíveis para atender a essas necessidades; por outro, analisar e intervir na organização dos serviços e do trabalho. No que diz respeito à organização do trabalho, em 2010 iniciou-se a reforma do trabalho médico com o objetivo de melhorar a organização dos serviços e as condições de trabalho dos médicos. Esta reforma tem sido desenvolvida no campo da negociação coletiva com os seguintes objetivos: a) desenvolver o novo regime de trabalho médico; b) integrar os restantes profissionais de saúde neste processo de reforma; e c) desenhar mecanismos de avaliação para monitorizar o impacto da reforma nos serviços assistenciais (5).
- Em Portugal, numa sexta-feira, dia 11 de dezembro de 2015, um doente com 29 anos de idade deu entrada no Hospital de Santarém. Após o diagnóstico de hemorragia cerebral na sequência de um aneurisma, foi transferido para o Hospital de S. José, em Lisboa. Neste hospital, a prevenção de neurocirurgia vascular e de neurorradiologia de intervenção estavam suspensas aos fins de semana. O doente acabou

por morrer na madrugada de domingo para segunda-feira, dia 14 de dezembro de 2015, provocando a demissão de vários dirigentes (6).

No sistema de saúde português há muitos outros exemplos de casos de deficiente resposta dos serviços de saúde relacionados com a organização do trabalho médico, que têm sido noticiados, designadamente:

- «Para evitar que médicos adormeçam nas urgências, Ordem quer fim de turnos de 24 horas», *Público*, 11 de agosto de 2016 (7);
- «Urgência pediátrica do Garcia de Orta encerra esta noite por falta de médicos», *Público*, 12 de outubro de 2019 (8);
- «Urgências pediátricas do Hospital Garcia de Orta: Se necessário, que se faça uma requisição civil», *Diário de Notícias*, 26 de outubro de 2019 (9);
- «Chefes de cirurgia de Faro recusam fazer urgências a partir de janeiro», *Lusa* e *Público*, 5 de dezembro de 2019 (10);
- «Depois do diretor clínico, 87 médicos demitem-se do hospital de Setúbal», *Expresso*, 6 de outubro de 2021 (11);
- «Ordem dos Médicos do Centro condena fecho temporário das urgências do Hospital de Leiria», *Público*, 12 de outubro de 2021 (12);
- «Todos os chefes de equipa de urgência do hospital de Santa Maria anunciam demissão», *Observador*, 10 de novembro de 2021 (13);
- «Chefes de equipa de urgência do Centro Hospitalar Póvoa de Varzim – Vila do Conde apresentaram, na sexta-feira, a demissão por "grave carência de recursos humanos médicos" neste serviço», *Expresso*, 25 de dezembro de 2021 (14);
- «Falta de médicos encerra urgências de obstetrícia de hospitais de Lisboa», *Expresso*, 10 de junho de 2022 (15).

Nestas notícias estão evidenciadas as dificuldades de acesso aos cuidados de saúde e a causa habitualmente apontada, a falta de médicos. Assumida esta carência principal, o Ministério da Saúde tem orientado mais recursos para a formação. Porém, o número insuficiente de médicos mantém-se, e o incremento da formação também.

Acresce que, apesar das comparações internacionais não serem suficientes para concluir sobre a escassez de médicos, Portugal é apresentado como o terceiro país da OCDE (Organização para a Cooperação e Desenvolvimento Económico) com o maior rácio de médicos *per capita*. De acordo com as estatísticas de saúde da OCDE, existem, em Portugal, 4,6 médicos por cada mil habitantes, colocando Portugal à frente de países como a Alemanha, com 4,1, e o Reino Unido, com 2,8. A Grécia, com 6,3, e a Áustria, com 5,1, ocupam o primeiro e segundo lugar, respetivamente. De referir, no entanto, que os números em Portugal e na Grécia estão sobrestimados, uma vez que incluem todos os médicos licenciados para exercer a profissão. Contrariamente, a Bélgica estabelece um limite mínimo de atividades (número de consultas por ano) para serem considerados como médicos em exercício, resultando assim numa subestimação em comparação com outros países que não estabelecem esses limites mínimos (16) (17) (18).

De acordo com o Relatório Primavera 2018 do Observatório Português dos Sistemas de Saúde, não se sabe exatamente qual o número de médicos a exercer atividade. Apesar da obrigatoriedade de registo na Ordem dos Médicos, a contagem nominal não traduz quantos estão a exercer. Além disso, cada país adota o seu próprio critério sobre inclusão ou não de médicos, o que dificulta a comparação internacional desta força de trabalho (19).

## 1.2. *Identificação do problema*

Apesar da alegada falta de médicos no SNS, segundo Delgado, cerca de 40% das vagas dos concursos para recrutamento de médicos ficam anualmente desertas, não por falta de médicos, mas, essencialmente, porque «os jovens médicos, quando não obtêm os lugares que pretendem (...), desistem dos concursos e ficam a trabalhar em hospitais perto de casa, ainda que de forma precária» (20). Kotowicz, por seu turno, salienta que as vagas por preencher nos internatos médicos em Portugal devem-se ao facto de a nova geração de médicos ser mais exigente com os seus direitos: querem conciliar vida profissional e familiar e «recusa[m] viver dentro do hospital» (21).

Delgado acrescenta que os médicos trabalham, quase sempre, em regime de 24 horas consecutivas em serviços de urgência, o que «acarreta um conjunto não negligenciável de problemas: a exaustão, provocada por um esforço físico e mental tão prolongado, põe em grave risco a qualidade e a segurança da assistência médica; esgotam em dois dias de trabalho o seu horário semanal (40 horas), já com algumas horas extraordinárias no bolso, o que lhes permite processos de acumulação mais sólidos e com horários adequados à gestão privada; não respondem em permanência aos seus doentes internados, provocando dias de internamento em excesso; concorrem para o alargamento dos horários de urgência interna, que muitas vezes se iniciam às 15 horas nos dias úteis» (20).

Ainda de acordo com Delgado, a eficiência dos serviços ressente-se com estas práticas, na medida em que «as listas de espera e a falta de camas tornam-se frequentes, as salas de operações ficam vazias da parte da tarde, e as urgências acabam por absorver recursos humanos inusitados, criando um ciclo vicioso infernal e um planeamento dos horários de trabalho completamente inadequado e mais dispendioso para o erário público» (20).

Em resumo, podemos identificar vários problemas como listas de espera, blocos operatórios subutilizados, serviços de saúde públicos que só funcionam na parte da manhã, défice de resposta no período da noite e aos fins de semana, planeamento dos horários de trabalho dispendioso para o erário público, etc. Todavia, a visão conjunta destes problemas, além da alegada falta de médicos, leva-nos a identificar uma outra causa: o regime legal de trabalho. Para responder aos problemas identificados, o regime de trabalho dos profissionais de saúde terá de ser compatível com o período de funcionamento dos serviços de saúde — 24 horas por dia, 7 dias por semana.

À semelhança de outros países, a legislação portuguesa (Código do Trabalho, lei de organização do trabalho em funções públicas, acordos coletivos de trabalho) assegura, de certo modo, o ajustamento do regime de trabalho dos profissionais de saúde (técnicos de diagnóstico e terapêutica, enfermeiros, farmacêuticos, nutricionistas e psicólogos) ao período de funcionamento dos serviços. Porém, o grupo de pessoal médico tem um regime de trabalho diferente dos demais profissionais de saúde. Os horários de trabalho são organizados de segunda a sexta-feira, entre as 8 e as 20 horas; o restante período da semana apenas pode ser garantido com «até 18 horas semanais» para cada médico (22) (23). Tal significa que em grande parte do período de funcionamento dos serviços o apoio médico às atividades de internamento, urgência externa e interna, unidades de cuidados intensivos e unidades de cuidados intermédios, só pode ser assegurado com programação de horas extraordinárias.

Segundo Champange *et al.*, para avaliar a pertinência da intervenção é preciso, em primeiro lugar, identificar o problema. Pode acontecer que o problema focado não esteja suficientemente explícito no início ou no decorrer da intervenção. Além disso, é preciso levar em conta o contexto em que ele se coloca e questionar em que perspetiva se avalia. Entre todas as causas possíveis, o planeamento da avaliação escolhe aquela sobre a qual quer agir, define os objetivos e, entre os destinatários possíveis, escolhe aqueles a quem a política se dirige (24).

Ora, entre todas as causas possíveis para os problemas identificados, por razões desconhecidas, o regime legal do trabalho médico não tem sido objeto de notícia. Todavia, é, necessariamente, uma das mais importantes e prioritárias, porque é depositária de um recurso (trabalho médico) insubstituível no diagnóstico e tratamento dos doentes.

## 1.3. *Pertinência do estudo*

A organização do trabalho constitui uma atividade fundamental para garantir a acessibilidade, a eficácia e a resiliência dos sistemas de saúde. A compatibilidade do regime de trabalho dos profissionais de saúde com o período de funcionamento dos serviços é uma condição indispensável. O facto de o grupo de pessoal médico ter um regime laboral menos flexível e diferente dos restantes profissionais pode, por um lado, gerar situações sem cobertura médica nos períodos críticos de funcionamento dos serviços, e por outro, constituir um obstáculo ao trabalho em equipa.

Assim, a organização da atividade médica constitui uma política de interesse capital para os sistemas de saúde. De salientar que, haja ou não escassez de médicos, a gestão do tempo de trabalho deste grupo profissional é decisiva para os sistemas de saúde. Sendo o papel do médico insubstituível no diagnóstico e tratamento, conforme o regime legal da carreira médica (artigos 9.º dos Decretos-Lei n.º 176/2009 e n.º 177/2009, ambos de 4 de agosto), é manifesta a correlação entre a organização do trabalho, o funcionamento contínuo dos serviços e o acesso a estes. O trabalho médico condiciona a oferta de cuidados de forma inequívoca, de tal modo que, ainda que fossem solucionados todos os outros problemas — a atividade dos outros profissionais, a adequação das instalações, a articulação institucional, a integração de cuidados, etc. —, a existência de períodos sem cobertura médica impossibilitaria o acesso ao sistema de saúde.

A natureza deste problema inspira e reforça o interesse na avaliação da política de organização do período laboral médico, como o primeiro e imprescindível passo para prosseguir os desafios da acessibilidade, eficácia e resiliência que se impõem aos sistemas de saúde (25) (26). Neste sentido, a organização da atividade médica, entendida como um conjunto de ações ou decisões tomadas com o objetivo de melhorar a saúde e a qualidade de vida dos cidadãos, é uma política fundamental de intervenção em saúde, que visa, essencialmente, implementar estratégias e ações para dispor de uma atividade médica planeada e organizada por forma a conquistar aqueles desafios.

As situações problemáticas exigem a elaboração de estratégias e a implementação de medidas com o objetivo de solucionar ou, pelo menos, minimizar o problema. Neste contexto, as estratégias e as medidas podem configurar-se como políticas ou programas e até como ações de regulação, correspondendo assim a uma intervenção em saúde corretiva de uma situação problemática (27).

São conhecidas diversas abordagens próximas deste tema, designadamente esquemas de trabalho que produzem fadiga e favorecem o aparecimento de erros (3), os recursos humanos como componente crítica das políticas de saúde (28), o *stress* dos profissionais nos sistemas de saúde (29), os pontos fracos na gestão de recursos humanos nos cuidados primários (30), a perceção da equipa clínica sobre o ambiente de trabalho dos serviços de urgência (31), o conhecimento sobre a satisfação do médico e os fatores associados como elemento essencial para os gestores e formuladores de políticas de saúde (32), a carreira médica e os fatores determinantes de saída do SNS (33). Todavia, apesar da diversidade de publicações e iniciativas, não encontramos alusão à compatibilidade do regime de trabalho com o funcionamento dos serviços. Nesta medida, trata-se de uma abordagem inédita sobre uma política fundamental dos sistemas de saúde. É também inovadora porque, pela primeira vez, se questiona a compatibilidade do regime de trabalho médico com a necessidade de assegurar: a) o funcionamento contínuo dos serviços; e b) o trabalho em equipa, multidisciplinar e de complementaridade com os diferentes profissionais de saúde.

Em Portugal, as alterações legislativas e dos modelos de gestão dos serviços requerem novas abordagens com vista à cada vez maior exigência de controlo das despesas em saúde. A Base 37 da Lei de Bases da Saúde (34), por exemplo, estabelece que «os programas, planos ou projetos, que possam afetar a saúde pública devem estar sujeitos a avaliação de impacto, com vista a assegurar que contribuem para o aumento do nível de saúde da população.» Igualmente, a alínea *h)* do número 2 da Base 4 determina como fundamento da política de saúde «o desenvolvimento do planeamento e a institucionalização da avaliação em saúde como instrumentos promotores de uma cultura de transparência das escolhas e de prestação de contas» (34). Assim, no campo das políticas de saúde em Portugal, a avaliação vem ganhando centralidade.

Segundo Contandriopoulos *et al.*, a necessidade de informação sobre o funcionamento e a eficácia do sistema de saúde é cada vez mais reconhecida, e a avaliação parece ser a melhor solução (27). Estes autores definem intervenção como um sistema organizado de ação, inserido num determinado contexto e período de tempo, que visa modificar o curso previsível de um fenómeno, a fim de corrigir uma situação problemática (27). Ora, a política de organização da atividade médica é uma atividade composta por meios físicos, humanos, financeiros e simbólicos dispostos num contexto para produzir serviços de saúde adequados à procura, visando evitar as situações problemáticas relacionadas com a acessibilidade. E nesta perspetiva, pode ser entendida como intervenção de saúde com possibilidade de ser avaliada.

Como qualquer intervenção, constrói-se lentamente e de modo adaptativo. De acordo com Crozier e Friedberg (35), citados por Champagne (36), não devemos esquecer que «o contexto de implementação é o lugar de encontro de interesses e de jogos políticos de diferentes atores, mesmo que, idealmente, a implementação devesse ser um exercício racional planeado.»

Na delimitação do objeto a ser avaliado, de acordo com Hartz e Silva (37), é necessário definir quais os níveis da realidade que se quer estudar: «a) ações de promoção, prevenção e cura desenvolvidas pelos agentes individualmente; b) serviços, como conjunto de ações em que diversos agentes se articulam para desenvolver atividades; c) estabelecimentos ou unidades de saúde;

d) sistema, que envolve os anteriores e a sua coordenação.» Ora, neste trabalho, o nível de realidade que se pretende estudar é o sistema de saúde, que envolve a coordenação das ações dos agentes, dos serviços e unidades de saúde.

Na perspetiva de Contandriopoulos, todos concordam quanto aos três desafios do sistema de saúde — a acessibilidade, a eficácia e a resiliência —, mas são muitas as divergências quanto ao modo de os enfrentar. Essa falta de consenso decorre da complexidade dos sistemas de saúde, em que intervêm quatro grupos de atores — «os profissionais, os administradores, o mundo mercantil e o mundo político» —, cujas lógicas e valores são distintos. Estas quatro lógicas coexistem e não são redutíveis umas às outras. «Teoricamente, a avaliação tem a capacidade de produzir informações úteis» para cada um daqueles grupos, mas não se pode esperar que «os resultados da avaliação que correspondem às espectativas de uns sejam compatíveis com as expectativas dos outros» (38).

Correndo o risco de não agradar a todos, nem por isso a avaliação desta intervenção deixa de ser importante.

Pelo exposto, este trabalho pretende, por um lado, determinar a viabilidade da avaliação da política de organização da atividade médica como intervenção em saúde, e por outro, identificar e analisar os fatores contextuais que podem afetar a sua aplicação.

## 1.4. *Contribuições teóricas e empíricas*

Como já referimos, apesar da diversidade de publicações sobre a organização da atividade médica, não encontramos referência à compatibilidade do regime laboral como condição incondicional para o funcionamento dos serviços de saúde.

Todavia, é conhecido o compromisso dos Estados-membros da União Europeia sobre a estratégia de reforço da eficácia, da acessibilidade e da resiliência dos seus sistemas de saúde, enfatizando-se a importância da força de trabalho com capacidade, competências certas e flexibilidade para prosseguir tais desafios (25) (26).

A Assembleia Geral das Nações Unidas, de 2012 (A/67/L.36. Agenda item 123), instou todos os governos a «intensificar de forma urgente e significativa os esforços para acelerar a transição para o acesso universal a serviços de saúde acessíveis e de qualidade» (39). Porém, as eventuais situações de incompatibilidade do regime de trabalho dos profissionais com o período de funcionamento dos serviços podem comprometer o acesso aos cuidados de saúde e estão, certamente, em oposição ao objetivo n.º 1 da Estratégia Global de Recursos Humanos para a Saúde – Força de Trabalho 2030, aprovada pela Resolução da World Health Assembly, de maio de 2014, que visa «otimizar a força de trabalho para uma cobertura universal de saúde eficaz e sistemas de saúde resilientes e fortalecidos em todos os níveis» (40).

A Agenda 2030 dos Objetivos de Desenvolvimento Sustentável (ODS), de setembro de 2015, das Nações Unidas, reconheceu a cobertura universal de saúde como fundamental para alcançar todas as outras metas de saúde. O ODS 3.c estabelece uma meta para «aumentar substancialmente o financiamento da saúde e o recrutamento, desenvolvimento e formação, e retenção do pessoal de saúde nos países em desenvolvimento, especialmente nos países menos desenvolvidos e nos pequenos Estados insulares em desenvolvimento» (41). Para o efeito, a OMS desenvolveu a supramencionada Estratégia Global de Recursos Humanos para a Saúde – Força de Trabalho 2030 para acelerar a prossecução da cobertura universal de saúde e dos ODS. A Resolução (WHA69.19) instou os Estados-membros a consolidar um conjunto básico de dados de recursos humanos da saúde com submissão de relatórios anuais ao Observatório Global de Saúde.

De referir que já em 2011 as conclusões do Conselho Europeu sobre rumo a sistemas de saúde modernos, reativos e sustentáveis (2011/C 202/04), de 08-07-2011, convidavam os Estados-membros e a Comissão a refletir sobre abordagens e modelos inovadores no domínio dos cuidados de saúde e a desenvolver futuras estratégias para o sector da saúde, com especial destaque para o investimento e as estratégias em matéria de recursos humanos (42).

A colaboração e partilha de boas práticas entre os Estados-membros da União Europeia (UE) com o intuito de reforçar a capacidade de planeamento e previsão em matéria de profissionais de saúde foi plasmado no Regulamento (UE) n.º 282/2014 do Parlamento e do Conselho, de 11 de março de 2014, que aprovou o terceiro programa de ação da União Europeia no domínio da Saúde (2014-2020), e que tem sido prosseguido através da Ação Conjunta sobre Planeamento de Recursos Humanos da Saúde (43). Por conseguinte, são conhecidas diversas iniciativas das organizações internacionais que visam não só a transição para o acesso universal a serviços de saúde acessíveis (39), como também uma cobertura universal de saúde eficaz e sistemas de saúde resilientes (40) (41).

A Comissão Europeia, através da Comunicação sobre Sistemas de Saúde eficazes, acessíveis e resilientes [COM (2014) 215 final, de 4.4.2014], definiu a estratégia para os sistemas de saúde europeus, nomeadamente em termos de reforço da sua eficácia, acessibilidade e capacidade de adaptação, enfatizando a importância do planeamento de profissionais de saúde (25).

O relatório *Health at a Glance: Europe 2016*, preparado pela Organização para a Cooperação e Desenvolvimento Económico (OCDE) em cooperação com a Comissão Europeia, foi o ponto de partida dos ciclos de avaliação do «Estado da Saúde na UE» para acompanhar a evolução dos sistemas de saúde dos Estados-membros relativamente aos três desafios (acessibilidade, eficácia e resiliência) (26). Entretanto, esta iniciativa passou a ser um exercício executado por especialistas de uma parceria conjunta entre a Comissão, a OCDE e o Observatório Europeu de Sistemas e Políticas de Saúde.

Para enfrentar estes desafios, conforme o State of Health in the European Union (EU): Companion Report 2017, «os sistemas de saúde precisam de encontrar soluções inovadoras através das novas tecnologias, produtos e mudanças organizacionais». Porém, «tudo isso depende de uma força de trabalho com capacidade suficiente, competências certas e flexibilidade adequada para responder à evolução constante da procura de cuidados de saúde» (26).

Adicionalmente, têm várias as iniciativas das instituições europeias para: a) a definição de estratégias em matéria de recursos humanos (42); b) o reforço da capacidade de planeamento e previsão em matéria de profissionais de saúde (43); e c) a disponibilidade de recursos humanos com as competências e a flexibilidade adequadas (44).

No seguimento destes estímulos, em Portugal foi criado o Inventário Nacional dos Profissionais de Saúde (INPS) (Lei n.º 104/2015, de 24 de agosto) com o objetivo de contribuir para uma maior eficiência no planeamento das necessidades dos profissionais de saúde e na coordenação das políticas de recursos humanos no âmbito do Serviço Nacional de Saúde (SNS). O INPS pretendia constituir-se como instrumento de uma política de utilização mais racional e eficiente dos recursos humanos, para garantir o direito à proteção da saúde dos cidadãos. Todavia, este instrumento aguarda melhor desenvolvimento.

Uma das poucas iniciativas em Portugal sobre recursos humanos com competências e flexibilidade adequadas ao funcionamento dos serviços, consta do documento final do grupo de trabalho criado pelo Ministério da Saúde português (45) (46) para a reforma da organização interna dos hospitais em 2010, em que se refere que:

> "Hoje é estimulada a dedicação total de qualquer profissional ao seu hospital, como forma de promover a cultura da equipa, (...) e garantir a qualidade e a continuidade dos cuidados de saúde, que são progressivamente mais exigentes (...). Já ninguém admite que um hospital só funcione durante uma parte do dia. É consensual que um hospital deve funcionar 24 horas por dia, os sete dias da semana, embora com ritmos diferentes durante a noite e nos fins de semana e feriados (...)".

Sobre o trabalho multidisciplinar e de complementaridade entre os diferentes profissionais de saúde, o mesmo documento (45) (46) salienta que:

> "Com a rápida evolução do conhecimento científico, das técnicas cada vez mais sofisticadas, de tratamentos progressivamente mais diferenciados, novas profissões, novas especialidades foram surgindo e novas necessidades passaram a ser identificadas quer para os doentes, quer para os serviços de saúde e seus profissionais".

Além disto, não são conhecidas abordagens em fontes científicas publicadas ou fontes de divulgação de ideias.

# 2. MATERIAL E MÉTODOS

A investigação de um fenómeno pouco compreendido em que se pretende descobrir políticas e outras categorias de interesse na organização do trabalho médico, bem como os seus efeitos nos sistemas de saúde, favorece o estudo de caso único de tipo descritivo e avaliativo de Yin (47). Segundo este autor, o estudo de caso deve ser desenvolvido em profundidade e as questões de investigação que guiam a recolha e a análise dos dados devem ser explícitas. Assim, consideramos como unidade de análise principal a organização do trabalho médico em Portugal e como unidades de análise embutidas a compatibilidade do regime de trabalho com o funcionamento contínuo dos serviços e o trabalho em equipa.

Para reforçar o conhecimento e compreender a evolução das políticas de organização do trabalho médico, selecionámos os países mais representativos dos sistemas de saúde do tipo Beveridge e do tipo Bismarck (Reino Unido, França e Alemanha), a fim de considerar reflexões, experiências e evidências disponíveis.

Realizou-se uma pesquisa avaliativa com uma abordagem metodológica qualitativa (48) esboçada no estudo de caso sobre a organização da atividade médica em Portugal. Os objetivos da investigação foram, em primeiro lugar, caracterizar a política de organização da atividade médica no sistema de saúde português em função das particularidades observadas nos países selecionados e, em segundo, analisar a compatibilidade do regime de trabalho com a exigência de funcionamento contínuo dos serviços de saúde no contexto de prossecução dos desafios de acessibilidade, eficácia e resiliência.

Explicita-se o tópico, o problema e as questões de investigação:

- Tópico de investigação: organização do trabalho médico no sistema de saúde português;
- Problema de investigação: relação entre a organização do trabalho médico e eventuais efeitos na acessibilidade, eficácia e resiliência do sistema de saúde;
- Questões de investigação:
  - A organização do trabalho médico é compatível com o funcionamento contínuo dos serviços de saúde?
  - A organização do trabalho médico é compatível com o trabalho em equipa, multidisciplinar e de complementaridade com os diferentes profissionais de saúde?

## 2.1. *Estudos*

Foram desenvolvidos três estudos que, no seu conjunto, pretenderam dar resposta aos objetivos da tese:

- *Estudo 1.* Atualizar o enquadramento teórico do fenómeno em estudo e construir uma base documental (Revisão Narrativa da Literatura). Orientado para o regime de trabalho e práticas instituídas em Portugal, na França, na Alemanha e no Reino Unido, este estudo propõe:
  - Perceber as tendências sobre a organização da atividade médica para garantir sistemas de saúde eficazes, acessíveis e resilientes;
  - Analisar a compatibilidade do regime de trabalho com o funcionamento contínuo dos serviços e o trabalho em equipa.
- *Estudo 2.* Fazer um exame preliminar da intervenção na sua teoria e na sua prática, a fim de perceber a coerência entre o problema e os objetivos; identificar áreas críticas; apreciar em que medida a intervenção está em condições de ser avaliada (Estudo de Avaliabilidade). Este estudo procura, essencialmente:
  - Aprofundar o tema e proporcionar uma nova abordagem teórica ou metodológica;

    - Esclarecer os objetivos da intervenção;
    - Determinar se há fundamento para avaliação.
- *Estudo 3.* Analisar as relações existentes entre a intervenção e o ambiente a fim de avaliar a sua transformação e explicar como se adapta ao seu contexto (análise de implementação). Este estudo propõe-se a explicar principalmente:
    - A modificação da intervenção e identificar os fatores contextuais que afetam a sua implementação;
    - A diferença entre a intervenção planeada e a implementada.

O plano de tese foi aprovado pela Comissão de Ética do Instituto de Higiene e Medicina Tropical da Universidade Nova de Lisboa (IHMT/UNL), e os participantes foram informados da garantia de confidencialidade e deram o seu consentimento.

## 2.2. *Abordagem metodológica*

Segundo Champagne *et al.*, o processo de planeamento de uma pesquisa avaliativa assume a clarificação prévia das seguintes questões (49): Qual a intervenção? Para quem avaliar? O que avaliar? Para que avaliar (usos)? Porquê avaliar (objetivos)? Para o efeito, começamos por traçar uma resposta condensada:

- *Qual a intervenção?* Política de organização da atividade médica no sistema de saúde português;
- *Para quem avaliar?* O Ministério da Saúde (políticos), os dirigentes das instituições de saúde, médicos e utentes do sistema de saúde;
- *O que avaliar?* O modelo de organização do tempo de trabalho médico;
- *Para que avaliar (usos)?* Esta avaliação tem uma tripla finalidade: *(i)* identificar os componentes do planeamento e da organização do trabalho médico que contribuem para melhorar o acesso aos cuidados de saúde, fornecendo informação para melhorar a política na sua decorrência (objetivo formativo); *(ii)* determinar os efeitos da política para decidir se ela deve ser mantida, transformada ou interrompida (objetivo sumativo); e *(iii)* reforçar o saber sobre o planeamento da atividade médica,

contribuindo para o avanço do conhecimento empírico e teórico sobre a política, assim como para a construção e validação de normas que garantam a melhoria da acessibilidade e eficácia dos sistemas de saúde (objetivo fundamental);

- *Porquê avaliar (objetivos)?* Porque é necessário prosseguir a acessibilidade, eficácia e resiliência dos sistemas de saúde.

Numa outra perspetiva, a identificação dos interesses e/ou das necessidades dos participantes, bem como a clarificação do uso possível e esperado dos resultados são as formas de garantir a utilidade e a credibilidade da avaliação, com consequente qualificação das decisões tomadas (50). Para tal, importa refletir sobre quais as pessoas ou os grupos que teriam interesse na realização da avaliação com este objeto. Assim, os indivíduos e grupos com alguma expectativa em relação à organização da atividade médica foram identificados no quadro que segue:

**Quadro 1 – Identificação dos interessados**

| Interessados | Papel na avaliação | Tipo de apoio | | |
|---|---|---|---|---|
| | | Aliado | Neutro | Oponente |
| Ministério da Saúde | Interessado interno – político, legislador | | X | |
| Órgãos de gestão dos serviços de saúde | Interessado interno – gestão institucional | X | | |
| Diretores de Serviço e de Recursos Humanos | Interessado interno – gestão intermédia e operacional (aqueles que operam o programa) | X | | |
| Médicos | Interessado interno, profissionais, clientes primários (público-alvo do programa, os usuários diretos) | | X | |
| Sindicatos dos Médicos | Interessado interno, representantes dos profissionais | | | X |
| Ordem dos Médicos | Interessado interno, representantes dos profissionais | | | X |
| Doentes/utentes | Interessado externo, clientes secundários (beneficiários do programa, aqueles que são afetados com o que acontece com os clientes primários) | | X | |
| Especialistas – peritos | Interessado externo, clientes secundários | X | | |

*Fonte:* Elaborado pelo autor.

Encontramos grupos mais diretamente ligados à implementação da política, os interessados internos (dirigentes e médicos), e outros que são beneficiados por ela, interessados externos (utentes). Em suma, podemos identificar potenciais interessados nos seguintes grupos: políticos; gestores; médicos; e utentes do sistema de saúde.

Para a identificação dos interessados na avaliação, procurou-se reconhecer os grupos não só quanto ao tipo de interesse (função), mas também do apoio esperado de cada um deles — ou seja, aliado, neutro ou desconhecido, e oponente. Entre os principais aliados identificámos os dirigentes dos serviços de saúde, quer ao nível institucional (v.g. membros do conselho de administração) quer intermédio e operacional (v.g. diretores de departamento ou diretores de serviço), bem como os especialistas do tema em estudo. Para estes três grupos, a avaliação é útil visto que inclui uma matéria fundamental da sua atividade, assim como constitui um dos principais focos do seu interesse. De salientar o especial interesse do membro do Governo responsável pela área da saúde, a quem compete a definição da política de recursos humanos (artigo 17.º do anterior Estatuto do SNS e n.º 4 do artigo 14.º do atual aprovado pelo Decreto-Lei n.º 52/2022 de 4 de agosto), porém, é razoável considerar as limitações decorrentes da sua disponibilidade.

O *status quo* em que a rutura dos serviços de saúde é justificada quase exclusivamente com a falta de médicos, a remuneração e as condições de trabalho deste grupo profissional, reflete-se no apoio esperado das organizações representativas. Uma avaliação mais profunda das causas pode não ser relevante em termos corporativos; já em termos individuais, os médicos poderão sentir dificuldade em encontrar equilíbrio entre a sua vida pessoal e profissional em face de um sistema que lhes exige longas jornadas de trabalho diário e semanal. Por outro lado, também lhes reconhece estatuto social, com benefícios na flexibilidade do horário laboral, remuneração e compensação das horas extraordinárias, no plano específico das folgas, etc.

A seleção dos participantes deve levar em conta a disponibilidade e o interesse de cada um, sendo também importante garantir que os diversos segmentos tenham seus interesses representados. Acresce, ainda, o necessário cuidado com determinadas representações tendenciosas e manipuladas que pouco têm a contribuir (51).

A participação dos médicos, como público-alvo do programa, é de particular importância na avaliação da organização da sua própria atividade como profissionais do sistema de saúde. Já a inclusão dos gestores dirigentes institucionais permite que os interesses externos estejam representados, isto é, ao pretenderem uma melhor organização do tempo de trabalho médico para garantir o funcionamento dos serviços, estão a satisfazer as necessidades e os interesses dos utentes do sistema de saúde. Desta forma, contribuirão para o aumento da utilidade e legitimidade da avaliação.

Adotámos o tipo de «amostragem intencional» (52) para selecionar o tipo de participantes com mais interesse na avaliação e que detêm maior conhecimento, escolhendo os que se julgou serem mais representativos da população. Assim, numa primeira fase, constituíram-se dois grupos de participantes: um painel de dez especialistas em pensamento estratégico e políticas de recursos humanos, selecionados entre gestores, técnicos de saúde e investigadores (Grupo 1); e dez dirigentes na área de gestão intermédia e operacional, com funções de organização de recursos nas unidades de saúde, que ensaiaram a resposta aos questionários e colaboraram no seu aperfeiçoamento (Grupo 2). Na fase subsequente, convidaram-se 120 potenciais participantes distribuídos por dois grupos: o Grupo 3, dirigentes do sector da saúde que exercem ou exerceram funções na área de gestão institucional e intermédia; e o Grupo 4, médicos dos serviços de saúde, estratificando em subgrupos de médicos com funções operacionais, de direção, em início de carreira, bem como médicos com atividades sindicais e/ou responsabilidades na Ordem dos Médicos.

Na efetivação do estudo de avaliabilidade e da análise de implementação, apesar do contexto pandémico do vírus SARS-CoV-2, foi possível obter a adesão de 42 participantes, distribuídos pelos Grupos 3 e 4. Assim, o Grupo 3 integrou 21 participantes com funções de presidente de órgão diretivo, vice-presidente, presidente de conselho de administração, vogal executivo, administrador executivo e outros dirigentes da administração central, regional e local da saúde, bem como de entidades privadas de saúde. O Grupo 4, por sua vez, incluiu 21 médicos com funções assistenciais no sector público e privado (assistente, assistente graduado, interno de especialidade), bem como médicos com funções de direção, chefia e representantes das organizações profissionais. Pretendeu formar-se uma amostra com proporções idênticas em cada grupo de modo a não influenciar os resultados apenas com uma perspetiva.

O painel de especialistas participou na revisão dos documentos de trabalho, designadamente na descrição da política de organização da atividade médica, bem como na consolidação e validação dos dados no âmbito do estudo de avaliabilidade e da análise de implementação. O grupo de teste (Grupo 2) participou no ensaio dos questionários utilizados nos referidos estudos.

Atendendo ao objetivo e desenho, considerámos adequado o número de participantes para obter resultados válidos ética e cientificamente, dado que a diversidade da amostra procura encontrar a melhor forma de organização da atividade médica, e a dimensão é representativa dos interesses na avaliação. Salientamos que não se pretendeu extrapolar os resultados da amostra, tão-só avaliar o sentido da intervenção em face dos problemas que visa resolver.

Para esclarecer os objetivos e avaliar a fundamentação teórica e metodológica da intervenção, seguimos o modelo de Avaliação das Intervenções em Saúde, desenvolvido pela equipa de investigadores do Grupo de Pesquisa Interdisciplinar em Saúde da Universidade de Montreal, constituído por Brousselle, Champagne, Contandriopoulos e Hartz (51).

Considerando que os diferentes interessados podem ter entendimentos distintos sobre os objetivos, atividades e resultados esperados da intervenção, o consenso é importante para a legitimação dos modelos. Com esse objetivo, adotou-se a técnica adaptada da «conferência de consenso», proposta por Sousa, Silva e Hartz (53). Neste processo foi usada uma abordagem participativa, do tipo ARA: «ativa, reativa, adaptativa» (54), isto é, partindo de uma primeira versão desenhada dos instrumentos fundamentais do desenvolvimento do estudo e suporte da intervenção (descrição da intervenção, modelo lógico e perguntas avaliativas), seguiu-se a distribuição pelos participantes para debater questões, obter consenso e validar a versão final

Utilizámos como instrumentos de recolha de dados a análise documental, questionários e a observação direta dos procedimentos e práticas instituídas nos serviços de saúde. Optou-se por uma abordagem com respostas confidenciais e anónimas, considerando a sensibilidade do tema em discussão e para permitir que cada participante se pronunciasse sem constrangimentos ou possibilidade de a sua resposta poder «contaminar» ou ser «contaminada» por outros.

Para a análise dos dados recorreu-se à técnica da análise de conteúdo que, segundo Bardin, permite analisar a realidade como é realmente retratada pelos agentes envolvidos (55). No tratamento dos questionários foi aplicada a estatística descritiva, medidas de localização ou de tendência central, e medidas de dispersão, permitindo ver padrões por entre os dados. Seguindo a técnica adaptada da «conferência de consenso», proposta por Sousa, Silva e Hartz (53), cada dimensão do modelo lógico ou das perguntas avaliativas foi classificada pelos participantes numa escala de zero a dez, representando a opinião sobre a importância dessa atividade/dimensão: uma classificação de dez significa que o critério é da mais alta importância; de zero significa que o critério deve ser excluído. Caso todos os critérios de uma determinada dimensão recebam a classificação de zero, a dimensão é excluída. Para todos os critérios, foram calculadas a média aritmética, a mediana e o desvio-padrão, na medida em que quanto maior for a média, maior a importância do critério; por sua vez, o desvio-padrão permite a estimativa do grau de consenso, e quanto menor for o desvio-padrão, maior é o grau de consenso, independentemente da importância conferida do critério.

Com base na metodologia descrita, foram estabelecidas as seguintes regras (53):

- Todo critério com média igual ou superior a sete é considerado importante. Abaixo disso, será pouco importante, não devendo fazer parte da documentação para o estudo;
- Todo critério com desvio-padrão inferior a três, será considerado consensual. Caso seja também importante, o critério deverá ser incluído;
- Os critérios com média igual ou superior a sete e desvio-padrão igual ou superior a três, apesar de importantes, não devem ser incluídos, pois não serão consensuais.

Identificados os participantes e os seus interesses, a investigação foi desenvolvida na tentativa de buscar um consenso genuíno, com vista a conciliar a possibilidade de discussão aberta e a preservação do anonimato nas seguintes etapas (Figura 1): 1) revisão de documentos; 2) preparação de documentos de trabalho; 3) painel de especialistas; 4) ensaio de questionários; 5) recolha de dados; 6) consolidação; e 7) validação.

## Figura 1 – Etapas de desenvolvimento da investigação

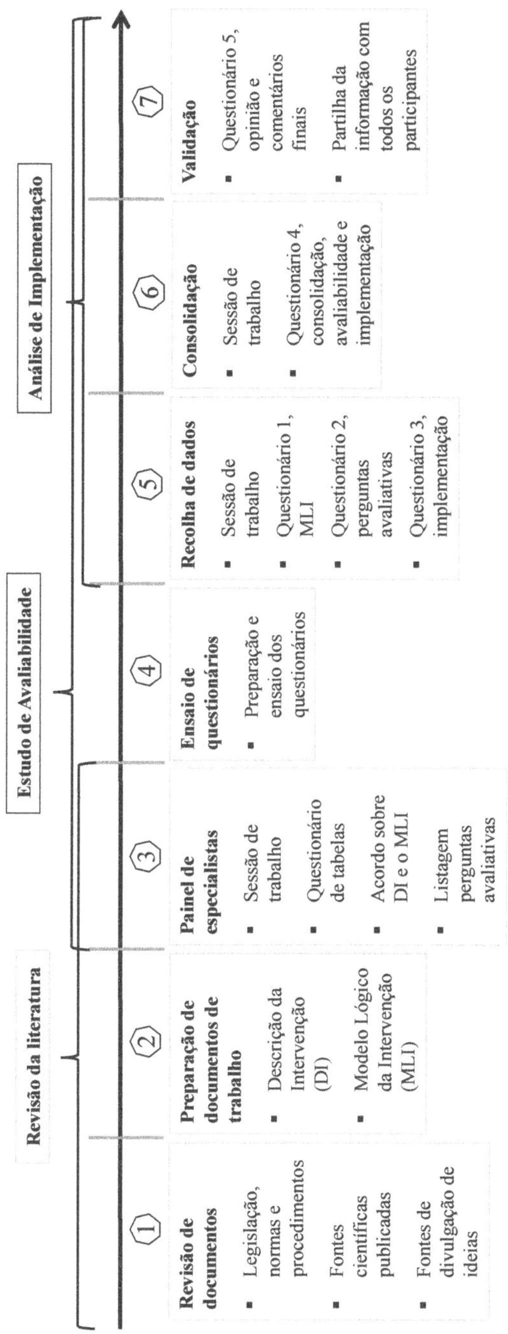


*Fonte:* Elaborado pelo autor.

### 2.2.1. Revisão de documentos

Foi feito um levantamento da legislação sobre o trabalho médico, bem como das normas e procedimentos, designadamente horários de trabalho e práticas instituídas com vista a garantir o funcionamento contínuo dos serviços de saúde em Portugal. Seguiu-se uma revisão narrativa da literatura de carácter descritivo e bibliográfico com a procura de fontes científicas publicadas (artigos, teses, dissertações) e fontes de divulgação de ideias (revistas, *sites*, etc.). De acordo com Rother, a revisão narrativa é apropriada «para descrever e discutir o desenvolvimento ou o "estado da arte" de um determinado assunto, sob o ponto de vista teórico ou contextual», constituindo uma análise da literatura na interpretação e sentido crítico do autor. Apesar de não possuir metodologia que possibilite a reprodução dos dados, permite «adquirir e atualizar conhecimento sobre uma temática específica em curto espaço de tempo» (56).

Assim, entre setembro de 2019 e março de 2020, foram levantadas as produções científicas correspondentes ao período de 01-01-2005 a 01-03-2020, considerando-se um intervalo de tempo suficiente para identificar as tendências das políticas de organização do trabalho médico em face das diretrizes das Convenções da Organização Internacional do Trabalho (OIT) sobre as horas de trabalho e da regulamentação europeia sobre os requisitos mínimos de segurança e saúde em termos de organização do período laboral. Foram incluídos os trabalhos publicados nos idiomas de português, francês e inglês, que relacionam o regime de trabalho médico e a sua compatibilidade com o funcionamento dos serviços e com o trabalho em equipa. Foram excluídos os trabalhos repetidos, os artigos que abordavam somente esquemas de trabalho que produzem fadiga ou *stress*, e os relacionados com o regime de trabalho de outros grupos profissionais, bem como aqueles que não se incluíam no contexto da pesquisa ou cujo resumo não foi possível localizar.

Foram realizadas pesquisas nas bases documentais GScholar (Google Académico), PubMed (US National Library of Medicine, National Institutes of Health), Europe PMC, e Scielo (Scientific Electronic Library Online), com palavras-chave em português e em inglês, usando linguagem booleana (carreira médica AND gestão AND organização do trabalho AND serviços de saúde). Além destas, noutras bases de dados como o Observatório Europeu dos Sistemas e Políticas de Saúde, a OIT (ILO Home Publictions), EUR-Lex e *sites* de instituições oficiais e de organizações representativas dos médicos, foi feita uma segunda pesquisa orientada para o regime de trabalho e práticas instituídas nos países selecionados, acrescentando novos descritores (Portugal OR França OR Alemanha OR Reino Unido), para garantir uma recuperação abrangente de trabalhos não capturados nas pesquisas anteriores e aprofundar o conhecimento do tema.

Após este desenvolvimento, numa primeira etapa foi realizada a leitura do título, do resumo dos artigos e a verificação de se eles respondiam aos critérios de inclusão. Na etapa subsequente foi feita a leitura dos textos completos com recolha e análise crítica dos dados, tendo-se constituído uma amostra com 23 documentos, identificados no Quadro 2.

### 2.2.2. Preparação de documentos de trabalho

Para a organização da atividade médica, bem como para qualquer outra política de saúde, é fundamental a existência de um programa devidamente estruturado e com uma definição clara tanto dos objetivos gerais e específicos como das metas. Estas metas devem, igualmente, ser específicas, viáveis, mensuráveis e localizadas no tempo e espaço. Porém, em resultado da análise documental (normas e procedimentos sobre o regime de trabalho médico), verificamos que esta intervenção, pela sua especificidade e complexidade, não dispõe de um documento estruturado que identifique com clareza os objetivos e os resultados esperados. Por outro lado, qualquer estudo avaliativo inicia-se com a descrição da intervenção que se pretende avaliar. Assim, o primeiro passo consistiu em elaborar uma descrição preliminar da intervenção, com base na legislação sobre o trabalho médico, nos procedimentos instituídos nos serviços de saúde e na revisão da literatura.

Entretanto, a teoria da modelização (54) forneceu-nos uma lente para compreender a relação entre um modelo e a intervenção. A ferramenta habitualmente utilizada para descrever intervenções denomina-se modelo lógico, considerado uma forma de representação da teoria da intervenção que permite visualizar de forma esquemática e simples de que forma a intervenção pretende modificar uma situação problemática (57). O modelo lógico é, então, um instrumento que circunscreve os aspetos básicos da intervenção, desde o seu planeamento até aos resultados.

Assim, a partir de setembro de 2019, iniciou-se a elaboração de dois documentos de trabalho considerados fundamentais para consensualização com os participantes e o desenvolvimento da investigação: uma descrição preliminar da intervenção; e o seu modelo lógico. Ao longo do processo participativo, estes documentos mereceram um ajustamento, decorrente dos contributos dos interessados.

### 2.2.3. Painel de especialistas

Em julho de 2020, após contacto individual com os especialistas, ocorreu uma sessão *online* com vista a apresentar o tema, o modelo de investigação, bem como o esboço da documentação-base de trabalho — a descrição preliminar e o modelo lógico da intervenção. A intenção foi estimular uma discussão de *brainstorming* centrada no foco da investigação a fim de recolher opinião, concordância ou discordância, parcial ou total, bem como obter sugestões e contributos.

Este processo prosseguiu junto do painel de especialistas com a remessa, por correio eletrónico, do esboço do modelo lógico previamente preparado, solicitando resposta a algumas questões fechadas e abertas apresentadas sob a forma de tabelas, procurando obter acordo sobre aquele documento. Após abordagem individual, pessoalmente ou por via telefónica, obteve-se a participação de todos e, além do consenso geral, foi possível elaborar uma listagem preliminar de perguntas avaliativas, com objetivo de identificar ações ou medidas para melhorar a intervenção.

Quanto à descrição preliminar, também foi possível obter contributos dos especialistas. Assim, o trabalho de pesquisa, de natureza empírica, com análise das tendências teórico-metodológicas e conceptuais da organização do trabalho médico, foi objeto de publicação na revista *Anais IHMT* v. 19 (2020), com o título «Pandemias, epidemias e crises humanitárias: proteger os recursos humanos em saúde» (58), e constituiu-se como a descrição da política de organização da atividade médica em Portugal para efeitos desta investigação.

### 2.2.4. Ensaio de questionários

Com base na documentação consensualizada com os especialistas — modelo lógico e descrição da intervenção — e na listagem preliminar de perguntas de avaliação previamente elaborada, foram preparados quatro questionários em formulários *online* do Google Forms:

- o primeiro, para submeter à discussão o modelo lógico da intervenção;
- o segundo, para identificar questões de interesse através da formulação de perguntas avaliativas potencialmente relevantes;
- o terceiro, para obter a perceção dos participantes sobre a organização do trabalho médico e a sua relação com o funcionamento dos serviços de saúde; e
- o quarto, para tentar obter a perceção quanto à coerência entre os objetivos da intervenção e os problemas a resolver, bem como quanto à pertinência da avaliação.

Por fim, foi preparado um quinto questionário em ficheiro editável para recolher opinião e comentários finais do painel de especialistas, dos médicos e dos dirigentes do sector da saúde (Grupos 1, 3 e 4) sobre a avaliabilidade e a implementação da intervenção.

Os quatro primeiros questionários, antes de serem remetidos aos participantes, foram submetidos a apreciação prévia do grupo de teste (Grupo 2), que ensaiou as respostas e contribuiu para o aperfeiçoamento dos mesmos. Verificou-se que estes instrumentos eram de fácil compreensão e preenchimento. Além disso, e mais importante, as questões colocadas foram consideradas pertinentes.

### 2.2.5. Recolha de dados

Entre novembro de 2020 e finais de janeiro de 2021, organizou-se a participação dos médicos e dirigentes do sector da saúde (Grupos 3 e 4) em duas fases: a primeira, orientada para a recolha de dados no âmbito do estudo de avaliabilidade e da análise de implementação; a segunda, para a consolidação e validação dos dados recolhidos no âmbito dos dois estudos.

Assim, após contacto e convite formal dos participantes por correio eletrónico, a primeira fase teve início com uma sessão *online* para explicação dos objetivos da investigação e apresentação dos documentos-base de trabalho previamente ajustados com o painel de especialistas (descrição da intervenção, modelo lógico e perguntas avaliativas). Seguidamente, no âmbito do estudo de avaliabilidade, foi remetido o primeiro questionário, acompanhado do modelo lógico da intervenção e de um ficheiro explicativo, possibilitando aos participantes a análise e a apresentação de sugestões. Na segunda ronda, e ainda no âmbito do estudo de avaliabilidade, foi remetido o segundo questionário sobre as perguntas avaliativas para identificar questões de interesse potencialmente relevantes, com o objetivo de identificar ações ou medidas para melhorar a intervenção para o avanço do conhecimento sobre a mesma, assim como para a construção e validação de hipóteses coerentes com o programa (49).

Todos os participantes aderiram com interesse aos dois primeiros questionários. Por meio de respostas abertas e fechadas, puderam sugerir a exclusão ou a modificação de componentes, atividades e objetivos do modelo lógico, ou propor a inclusão de novas dimensões. Idêntica possibilidade foi prevista nas perguntas avaliativas.

Entretanto, no âmbito da análise de implementação, foi remetido um terceiro questionário para obter a perceção dos participantes dos Grupos 3 e 4 sobre a organização do trabalho médico e a sua relação com o funcionamento contínuo dos serviços de saúde; o trabalho em equipa, multidisciplinar e de complementaridade entre os diferentes profissionais de saúde; a influência dos fatores contextuais na implementação da intervenção; e o grau de implementação da intervenção.

Após algumas diligências de insistência junto dos participantes, foi possível obter, também, a totalidade de respostas neste terceiro questionário.

### 2.2.6. Consolidação

Na segunda fase da participação dos médicos e dirigentes do sector da saúde (Grupos 3 e 4), foram tratadas as respostas dos três primeiros questionários e foi elaborado um primeiro relatório intercalar com o resumo dos consensos e divergências, sendo apresentado em nova sessão *online*. Este encontro serviu, essencialmente, para o enriquecimento da discussão através das opiniões apresentadas.

Considerando os dados do relatório intercalar e a discussão ocorrida na sessão, cada participante foi desafiado a clarificar pontos de divergência e consenso quanto à coerência entre os objetivos da intervenção e os problemas a resolver, bem como a pronunciar-se, podendo manter as respostas ou modificá-las. Nesta fase não se tentou obter consenso, pois estava previsto que os participantes pudessem ter entendimentos distintos sobre os objetivos, as atividades e, consequentemente, os resultados esperados da intervenção.

Seguiu-se a remessa do quarto questionário, com respostas fechadas e abertas, desta vez para obter consenso quanto à coerência entre os objetivos da intervenção e os problemas a resolver, bem como quanto à pertinência da avaliação. Por esta via, foram consolidadas as respostas dos participantes médicos e dirigentes do sector da saúde (Grupos 3 e 4) sobre o estudo de avaliabilidade e a análise de implementação.

Nesta ronda, foram obtidas 32 respostas (77%) que possibilitaram o consenso quanto à coerência entre os objetivos da intervenção e os problemas a resolver, bem como quanto à pertinência da avaliação. Os dados dos questionários foram tratados no âmbito do estudo de avaliabilidade e da análise da implementação. O consenso quanto ao modelo de avaliação surgiu, naturalmente, das respostas aos quatro questionários.

### 2.2.7. Validação

Por fim, o quinto e último questionário constituído apenas por perguntas abertas, acompanhado de um segundo relatório intercalar e de um ficheiro resumo do processo participativo, foi entregue ao painel de especialistas (Grupo 1), aos médicos e aos dirigentes (Grupos 3 e 4), correspondendo a um total de 52 participantes, para recolher opiniões e comentários finais sobre os documentos consolidados, modelo lógico da intervenção e matriz final das perguntas avaliativas, bem como sobre os fatores contextuais que afetam a implementação da intervenção. O principal objetivo desta última diligência era, por um lado, divulgar os resultados preliminares, e por outro, proporcionar a possibilidade de, através de respostas abertas, cada participante poder apresentar comentários e opiniões finais. Os contributos apresentados por 21% dos participantes foram tratados no âmbito dos respetivos estudos de avaliabilidade e implementação.

# 3. REVISÃO DA LITERATURA

## 3.1. *Introdução*

Através do estudo de revisão narrativa da literatura pretendemos questionar em que medida uma ferramenta (organização do trabalho médico) assegura uma condição (funcionamento contínuo dos serviços) e um resultado (acessibilidade, eficácia e resiliência do sistema de saúde). Propomo-nos investigar o sistema de saúde português em função das particularidades observadas em França, na Alemanha e no Reino Unido, os principais países representativos dos sistemas de saúde do tipo Beveridge e Bismarck.

Segundo Rother, «para descrever e discutir o desenvolvimento ou o "estado da arte" de um determinado assunto, sob ponto de vista teórico ou contextual», a revisão narrativa é apropriada. As bases documentais, os critérios de inclusão e exclusão, bem como de recolha e análise crítica dos dados, foram descritos no capítulo dois, «Material e Métodos». As revisões da literatura podem ser usadas para identificar evidências que podem afetar a força de trabalho em saúde e contribuir para um maior envolvimento dos interessados em projetos de planeamento (59). O principal objetivo desta revisão foi examinar as evidências disponíveis e considerar reflexões anteriores sobre políticas de organização do trabalho médico, com vista a garantir um melhor acesso aos cuidados de saúde.

A partir do exposto, pretendeu-se realizar um exercício crítico-reflexivo da literatura sobre a política de organização da atividade médica no sistema de saúde. Trata-se de uma tentativa de aprofundamento do tema, levantando desafios e possibilidades a serem observados na construção de uma perspetiva de organização dos serviços para garantir a acessibilidade, a eficácia e a resiliência do sistema de saúde. O objetivo da revisão foi recolher dados sobre a compatibilidade do regime de trabalho médico com 1) o funcionamento contínuo dos serviços; e 2) o trabalho em equipa, multidisciplinar e de complementaridade com os diferentes profissionais de saúde.

## 3.2. *Visão geral*

Resultou da revisão da literatura uma amostra constituída por 23 documentos identificados com as letras A a W no quadro seguinte.

## Quadro 2 – Documentos selecionados na revisão da literatura

| Ref | Procedência | Título do Artigo | Autores | Considerações |
|---|---|---|---|---|
| A | **ILO home Publications** https://www.ilo.org/global/publications/lang--en/index.htm | The organization of working time and its effects in the health services sector : a comparative analysis of Brazil, South Africa and the Republic of Korea | Messenger, Jon C. & Vidal, Patricia, 2015 | Três orientações gerais sobre como projetar e implementar modelos de organização de tempo de trabalho «equilibrados». |
| B | **Google Académico** https://doi.org/10.3917/rfas.112.0226 | Les limites de la convergence du temps de travail des médecins hospitaliers en Europe (Allemagne, Danemark, Espagne, Lituanie, Royaume-Uni) | Clavier, C., Hassenteufel, P., Moreno Fuentes, J. F., et Schweyer, F.-X. (2011) | Verifica-se disparidade e dificuldade na implementação das normas europeias como consequência de, na prática, a organização da atividade médica ter sido o fundamento da cláusula de exclusão *opt-out* de diversos países europeus. |
| C | **ILO home Publications** https://www.ilo.org/sector/activities/sectoral-meetings/WCMS_548288/lang--en/index.htm | Improving Employment and Working Conditions in Health Services: Report for discussion at the Tripartite Meeting on Improving Employment and Working Conditions in Health Services | International Labour Organization 2017 | Há evidências de que a maioria das unidades de saúde funciona com acordos que frequentemente excedem os limites legais para o tempo de trabalho dos respetivos países, assim como há evidências abundantes dos efeitos negativos do excesso de horas de trabalho na saúde dos trabalhadores, na vida familiar, na qualidade do atendimento e na segurança do trabalho. |
| D | **ILO home Publications** https://www.ilo.org/global/publications/lang--en/index.htm | Guide to developing balanced working time arrangements | International Labour Office – Geneva, ILO, 2019 | Guia da OIT sobre as horas extras e a organização do trabalho por turnos. |
| E | **Google Académico** http://repositorio.unicamp.br/jspui/handle/REPOSIP/322795 | O militante, o sacerdote, o missionário e o tecnoburocrata: uma investigação participativa acerca de modalidades do trabalho médico alienado na Atenção Primária do SUS Campinas | Terra, L. S. V. (2017) | A integração do médico nas instituições de saúde constituiu-se num elemento de manutenção de seu estatuto social e profissional, ocupando um lugar no topo da hierarquia de autoridade. |

| | | | | |
|---|---|---|---|---|
| F | **European Observatory on Health Systems and Policies** http://www.euro.who.int/en/ | France: Health system review. *Health Systems in Transition*, 2015; 17(3): 1–218. | Chevreul, K., Berg Brigham, K., Durand-Zaleski, I., Hernández-Quevedo, C. (2015) | O sistema de saúde francês está estruturalmente baseado numa abordagem bismarckiana, com objetivos de universalidade e solidariedade que o aproximam cada vez mais do estilo Beveridge. Os médicos franceses há muito tempo que têm o direito de estabelecer a sua atividade onde desejam, e as tentativas de restringir esta liberdade enfrentam forte oposição de associações profissionais. |
| G | **European Observatory on Health Systems and Policies** https://www.oecd-ilibrary.org/social-issues-migration-health/france-country-health-profile-2019_d74dbbda-en | State of Health in the EU · France · Country Health Profile 2019 | OECD and the European Observatory on Health Systems and Policies, in cooperation with the European Commission (2019) | As desigualdades geográficas permanecem, estimando-se que 8% da população vive em áreas onde o acesso aos clínicos gerais é potencialmente limitado. Desde 2007, a principal ação política para resolver o problema dos chamados *medical deserts* foi a criação de *multidisciplinary medical homes*, que permite que médicos de família e outros profissionais de saúde trabalhem no mesmo local. |
| H | **Google Académico** https://documentation.ehesp.fr/memoires/2014/edh/vauchel.pdf | Gérer et organiser différemment le temps de travail médical. L'exemple des anesthésistes à l'Hôpital Universitaire Necker-Enfants malades. | Vauchel, V. (2014) | A questão do tempo de trabalho dos médicos parece «surrealista» e até incongruente. A organização coerente com trabalho em equipa tanto do pessoal médico como não-médico é indispensável, implicando criar condições de sincronização dos tempos de trabalho para cooperação entre os profissionais de saúde. |
| I | **Google Académico** https://documentation.ehesp.fr/memoires/2015/dh/besset.pdf | La gestion du temps de travail médical : vers une contractualisation avec les pôles? (2015) | Besset, J.-F. (2015) | A especificidade e a complexidade das regras de gestão do tempo de trabalho médico constituem um impedimento importante para os profissionais e para a administração hospitalar. A reforma do tempo de trabalho médico é um processo árduo e longo, mas essencial para assegurar o funcionamento permanente dos serviços e garantir a prestação de cuidados de saúde sem interrupção. |

| | | | | |
|---|---|---|---|---|
| J | **Google Académico** https://www.cng.sante.fr/sites/default/files/Fichiers/Statistiques,%20%C3%A9tudes%20et%20publications/Rapport_Final_exercice_medical.pdf | Exercice médical à l'hôpital (2011) | Mission nationale coordonnée par Danielle Toupillier (2011) | Grupo de Missão apresentou ao ministro da Saúde francês uma proposta de revisão das modalidades de organização diária do trabalho médico no hospital, recomendando que cada dia de 24 horas fosse dividido em cinco períodos. |
| K | **Google Académico** https://documentation.ehesp.fr/memoires/2015/dh/sanchez.pdf | Le temps de travail des urgentistes: une révolution culturelle aux impacts organisationnels et financiers majeurs (2015) | Sanchez, D. (2015) | Reforma do trabalho médico propõe-se oferecer uma melhor reconciliação da vida privada com a vida profissional, no reconhecimento do trabalho de cada médico, através da organização das equipas do trabalho médico por turnos nos serviços de urgências, sem prejudicar a estrutura organizativa dos serviços em vigor, nem a distribuição territorial dos recursos médicos. |
| L | **Google Académico** https://dumas.ccsd.cnrs.fr/dumas-00993884 | La maison médicale de garde de Langon: son fonctionnement et ses participants, une réponse à la permanence des soins. | Casamayou, L. (2014) | A Permanence Des Soins em França é um serviço público organizado para responder às solicitações de cuidados de saúde, fora do horário de funcionamento da atividade programada. |
| M | **OECD, European Observatory on Health Systems and Policies** https://www.oecd-ilibrary.org/social-issues-migration-health/germany-country-health-profile-2019_36e21650-en | Germany: Country Health Profile, 2019 | OECD and European Observatory on Health Systems and Policies (2019) | A Alemanha tem níveis extremamente baixos de necessidades médicas não satisfeitas. A percentagem de pessoas que relatou necessidades médicas não satisfeitas por razões financeiras, distância ou tempo de espera foi próxima de zero em 2017. |
| N | **European Observatory on Health Systems and Policies** http://www.euro.who.int/__data/assets/pdf_file/0008/255932/HiT-Germany.pdf?ua=1 | Germany: health system review. *Health Systems in Transition*, 2014 | Busse, R., Blümel, M. 2014 | Uma característica fundamental do sistema político alemão — e do sistema de saúde em particular — é a partilha dos poderes de decisão entre o governo federal, os órgãos estuais (Länder) e as organizações da sociedade civil legitimadas. |

| | | | | |
|---|---|---|---|---|
| O | **ILO home Publications** https://www.ilo.org/global/publications/lang--en/index.htm | Overtime work: A review of literature and initial empirical analysis | Anxo, D. & Karlsson, M. (2019) | Caracterização do tempo de trabalho em seis países. |
| P | **PubMed** https://doi.org/10.1055/s-0032-1328751 | Impact of New Shift Models for Doctors Working at a German University Hospital for Gynaecology and Obstetrics Four Years After Implementation. Can They Meet the European Working Time Directive Without Increasing Costs? | Maschmann, J.; Holderried, M.; Blumenstock, G.; Bamberg, M.; Rieger, M. A.; Wallwiener, D.; Brucker, S. (2013) | A adesão à organização do tempo de trabalho decorrente da Diretiva 2003/88/CE pode ser possível adaptando cuidadosamente os novos modelos de trabalho por turnos às necessidades de atendimento dos doentes e às condições de trabalho dos próprios médicos. |
| Q | **European Observatory on Health Systems and Policies** https://www.ncbi.nlm.nih.gov/pubmed/27049966 | United Kingdom: Health System Review. *Health Syst Transit*, 2015; 17(5):1–126. | Cylus, J., Richardson, E., Findley, L., Longley, M., O'Neill, C., Steel, D. (2015) | Desde 1999 que a gestão do NHS é descentralizada, o que significa que a Escócia, o País de Gales e a Irlanda do Norte tomam as suas próprias decisões sobre a maneira como os serviços de saúde são organizados. |
| R | **European Observatory on Health Systems and Policies** https://doi.org/10.1787/744df2e3-en. | United Kingdom: Country Health Profile 2019, State of Health in the EU, OECD Publishing, Paris/European Observatory on Health Systems and Policies, Brussels | OECD and European Observatory on Health Systems and Policies (2019) | A escassez da força de trabalho está a impulsionar alguma inovação na mudança de papéis e nas próprias carreiras profissionais, por forma a maximizar a eficiência operacional. A inexistência de pessoal suficiente afeta o acesso aos cuidados de saúde e os tempos de espera. |
| S | **PubMed** https://doi.org/10.1016/s0140-6736(09)61094-1 | Calling time on doctors' working hours. | House, J. (2009) | No Reino Unido não faltaram reações contra a entrada em vigor da Diretiva Europeia de Tempo de Trabalho (2003/88/CE). O UK Department of Health e a British Medical Association explicaram o apoio à Diretiva para melhorar o equilíbrio entre vida profissional e limitar horas excessivas. No entanto, o Royal College of Physicians, o Royal College of Surgeons e o Royal College of Anesthetists avisaram que a semana de 48 horas aumentará os níveis de pessoal até ao ponto de rotura. |

| | | | | |
|---|---|---|---|---|
| T | **European Observatory on Health Systems and Policies** https://www.ncbi.nlm.nih.gov/pubmed/27049966 | Portugal: Health system review. *Health Systems in Transition*, 2017; 19(2):1–184. | Simões, J., Augusto, G. F., Fronteira, I., Hernández-Quevedo, C. (2017) | No sistema de saúde português coexiste o Serviço Nacional de Saúde (SNS) com os «subsistemas de saúde» e o seguro privado de saúde. |
| U | **European Observatory on Health Systems and Policies** https://doi.org/10.1787/85ed94fc-en. | Portugal: Country Health Profile 2019, State of Health in the EU, OECD Publishing, Paris/European Observatory on Health Systems and Policies, Brussels | OECD and European Observatory on Health Systems and Policies (2019) | Há uma distribuição desigual de recursos de saúde (instalações e profissionais), com escassez de especialistas em psiquiatria, oftalmologia e ortopedia nas áreas rurais. |
| V | **PMC - US Nacional Library of Medicine, National Institutes of Health** https://www.ncbi.nlm.nih.gov/pmc/articles/PMC5319930/ – doi: 10.1186 / s12245-017-0136-9 | Dedication increases productivity: an analysis of the implementation of a dedicated medical team in the emergency department. | Ramos, P. & Paiva, J. A. (2017) | A mudança do modelo organizacional nos serviços de urgência, criando equipas médicas dedicadas em tempo integral de médicos com experiência em medicina de emergência, pode ter efeitos financeiros notáveis, liberando médicos, reduzindo os custos com horas extras de trabalho e reafectando recursos humanos para outras funções. |
| W | **ILO home Publications** https://www.ilo.org/global/publications/lang--en/index.htm | Working time in the twenty-first century | International Labour Organization 2011 | Parâmetros de discussão sobre modalidades modernas de horário de trabalho: *(i)* a necessidade de estabelecer limites diários, semanais...; *(ii)* a manutenção do carácter excecional de horas extras...; *(iii)* o princípio de um descanso semanal regular...; *(iv)* o direito a férias anuais...; *(v)* o reconhecimento da natureza atípica do trabalho noturno. |

*Fonte:* Pesquisa nas bases documentais GScholar, PubMed, Europe PMC e Scielo — período de 01-01-2005 a 01-03-2020.

Lográmos verificar que, apesar da grande diversidade de estudos sobre a força de trabalho em saúde, a alusão à compatibilidade do regime de trabalho com o funcionamento dos serviços é quase inexistente.

De acordo com o guia da Organização Internacional do Trabalho (OIT) (Doc. D), nos hospitais que precisam de funcionar sem parar, o trabalho por turnos é considerado «operações contínuas» — 24 horas por dia, 7 dias por semana (ou seja, 168 horas). Em quase todos os grupos profissionais, organizam-se sistemas fixos ou rotativos de três turnos de 8 horas. Contrariamente aos restantes profissionais, no grupo de pessoal médico coordenam-se jornadas de trabalho ininterrupto com horários que geralmente excedem os limites legais estabelecidos. Em contradição com as leis e as convenções da OIT, estão implementados horários com turnos de 12 ou mais horas de trabalho consecutivo (60).

Esta prática de recurso a um extenso tempo de permanência no local de trabalho implica geralmente a pernoita em camas da instituição e o escalonamento de outro profissional para compensar a incapacidade humana de assegurar um período de trabalho insuportavelmente longo. De salientar ainda que vários estudos demonstram que horários laborais longos e descanso insuficiente podem ter efeitos prejudiciais, com taxas mais elevadas de acidentes e erros, *stress* e fadiga acrescidos, bem como riscos para a saúde a curto e a longo prazo (61)(62)(63). Por outro lado, há evidências de que a maioria das unidades de saúde funciona com acordos que frequentemente excedem os limites legais para o tempo de trabalho dos respetivos países (Doc. C), assim como há evidências abundantes dos efeitos negativos do excesso de horas de trabalho na saúde dos trabalhadores, na vida familiar, na qualidade do atendimento e na segurança do trabalho (Doc. C) (64).

O relatório da OIT de 2011, «Working time in the twenty-first century – Report for discussion at the Tripartite Meeting of Experts on Working-time Arrangements» (Doc. W), define os princípios a observar na organização do tempo de trabalho (65). Todavia, no sector da saúde e, particularmente no trabalho médico, tais princípios são habitualmente desprezados: por um lado, o limite máximo das 10 horas de trabalho diário é frequentemente substituído pelas longas jornadas de 12 e até de 24 horas de trabalho consecutivas; por outro, não só a carga horária excede habitualmente as 48 horas semanais, como o recurso a horas extraordinárias não tem carácter excecional. Antes, pelo contrário, está generalizada a prática de horas extraordinárias programadas para garantir o funcionamento dos serviços. Acresce que, habitualmente, a carga horária habitual do trabalho noturno dos médicos contraria o disposto no artigo 8.º da Diretiva 2003/88/CE do Parlamento Europeu e do Conselho, de 4 de novembro de 2003, segundo o qual, «o tempo de trabalho normal dos trabalhadores noturnos não deve ultrapassar 8 horas, em média, por cada período de 24 horas».

De referir ainda que há mais de 100 anos a primeira Convenção da OIT, a Convenção n.º 1 (1919) sobre Horas de Trabalho (Indústria), fixava um limite máximo de 8 horas de trabalho por dia e 48 horas por semana nas empresas industriais. Trinta anos depois, com a Convenção de 1930 sobre Horas de Trabalho (Comércio e Escritórios), os padrões internacionais passavam a fazer o cálculo da média de horas diárias dentro da semana de 48 horas, permitindo que o limite de 8 horas fosse estendido para 9 horas na indústria e 10 horas no comércio.

A Diretiva 93/104/CE do Conselho, de 23 de novembro de 1993, marcou o ponto de partida da regulamentação europeia sobre tempo de trabalho ao «estabelecer requisitos mínimos de segurança e saúde em termos de organização do tempo de trabalho.» Esta diretiva, complementada pela Diretiva 2000/34/CE do Parlamento Europeu e do Conselho, de 22 de junho de 2000, foi consolidada na Diretiva 2003/88/CE do Parlamento Europeu e do Conselho, de 4 de novembro de 2003, que entrou em vigor em 2 de agosto de 2004.

## Quadro 3 – Diretiva 2003/88/CE (extrato)

A regulamentação europeia sobre tempo de trabalho visa estabelecer requisitos mínimos, no sentido de que os Estados-membros podem estabelecer regras mais protetoras. Algumas disposições de interesse:

- Tempo de trabalho [é] qualquer período durante o qual o trabalhador está a trabalhar ou se encontra à disposição da entidade patronal e no exercício da sua atividade ou das suas funções, de acordo com a legislação e/ou a prática nacional (número 1 do artigo 2.º);
- A duração média do trabalho em cada período de sete dias não deve exceder 48 horas, incluindo as horas extraordinárias (artigo 6.º);
- Período mínimo de descanso diário de 11 horas durante cada período de 24 horas (artigo 3.º);
- A instituição das pausas, sempre que o trabalho diário excede 6 horas (artigo 4.º);
- Período semanal de descanso mínimo de 24 horas, além das 11 horas de descanso diário por períodos de sete dias (artigo 5.º).
- Durante a noite, o organismo humano é mais sensível às perturbações ambientais e a certas formas penosas de organização do trabalho, e a prestação de longos períodos de trabalho noturno é prejudicial para a saúde dos trabalhadores e pode ameaçar a sua segurança no trabalho (considerando 7);
- O tempo de trabalho normal dos trabalhadores noturnos não deve ultrapassar 8 horas, em média, por cada período de 24 horas (artigo 8.º).

***opt-out:***

O artigo 22.º concede aos Estados-membros a opção de não aplicar o artigo 6.º sobre a duração máxima do tempo semanal de 48 horas, sob certas condições:

- o empregador deve obter acordo do trabalhador para que ele trabalhe mais de 48 horas por semana;
- nenhum trabalhador pode ser prejudicado por se recusar a dar seu consentimento;
- o empregador deve manter um registo atualizado de todos os trabalhadores a quem não se aplica o tempo máximo de trabalho semanal de 48 horas.

*Fonte:* EUR-Lex [https://eur-lex.europa.eu/homepage.html?locale=pt]

A interpretação da Diretiva levantou dificuldades na organização do trabalho, em particular nos hospitais, com obrigação de garantir resposta durante 24 horas, todos os dias do ano. A faculdade de *opt-out*, isto é, a possibilidade de não aplicar o tempo máximo de trabalho semanal, foi negociada pelo Reino Unido logo na primeira Diretiva, em 1993. Na sequência dos acórdãos do Tribunal de Justiça da UE sobre o tempo de trabalho (Quadro 4), proferidos desde 2000, vários Estados-membros utilizaram esta faculdade de *opt-out*. O artigo 22.º da Diretiva 2003/88/CE concede aos Estados-membros a opção de não aplicar o artigo 6.º, sobre a duração máxima do tempo semanal de 48 horas (*opt-out*). O Reino Unido, a França e a Alemanha integram o grupo de dezoito Estados-membros que preveem atualmente a utilização do *opt-out*, e destes, seis (Bulgária, Croácia, Chipre, Estónia, Malta e Reino Unido) autorizam a utilização do *opt-out* independentemente do sector, ao passo que os outros doze (Bélgica, Chéquia, França, Alemanha, Hungria, Letónia, Países Baixos, Áustria, Polónia, Eslováquia, Eslovénia e Espanha) limitam a sua utilização a empregos que recorrem extensivamente ao tempo de permanência, como os serviços de saúde ou os serviços de emergência. Portugal integra o grupo dos restantes dez Estados-membros (Dinamarca, Irlanda, Grécia, Itália, Lituânia, Luxemburgo, Portugal, Roménia, Finlândia e Suécia) que não recorrem a esta opção (63).

De referir, também, que quase nenhuma das decisões do Tribunal de Justiça Europeu (66)(67)(68)(69) sobre o tempo de trabalho dos médicos nos serviços de saúde tinha sido antecipada pelos Estados-membros da UE, que prontamente perceberam que, para cumprir a Diretiva, seria necessário aumentar significativamente os efetivos de pessoal nos hospitais.

**Quadro 4 – Decisões do Tribunal de Justiça Europeu**

| |
|---|
| O Acórdão SiMAP, também conhecido como *Valenciana*, de 3 de outubro de 2000, estabeleceu que «o tempo gasto pelos médicos... deve ser considerado na totalidade como tempo de trabalho e, como horas extras... se for necessário que eles estejam no local de trabalho», e se eles «devem estar apenas contactáveis quando estão *on-call*, somente o tempo associado à prestação real dos serviços... deve ser considerado como tempo de trabalho». |
| O acórdão *Jaeger*, de 9 de setembro de 2003, esclareceu que o fator decisivo para considerar o tempo gasto *on-call* como tempo de trabalho é que os médicos «sejam chamados para estar presentes no local determinado pelo empregador e estar disponíveis para prestar seus serviços imediatamente em caso de necessidade». |
| O acórdão *Pfeiffer*, de outubro de 2004, clarificou que o empregador não podia contentar-se com um acordo coletivo ou com o contrato para derrogar a Diretiva, mas tinha de obter o acordo explícito do trabalhador para exceder o limite de 48 horas semanais de trabalho. |
| Em 2005, o acórdão *Dellas*, considerou que um decreto francês que instituiu uma ponderação entre o período de atendimento ativo e o período inativo para o cálculo da remuneração era contrário às disposições da Diretiva. Para o Tribunal, o conceito de tempo de trabalho é independente da intensidade do trabalho realizado, e o tempo de permanência no local de trabalho é, na sua totalidade, tempo de trabalho. |

*Fonte:* EUR-Lex, https://eur-lex.europa.eu/homepage.html?locale=pt

Entretanto, a Comissão Europeia tomou a iniciativa de propor uma revisão da Diretiva. Entre as emendas propostas, estava a distinção entre *on-call time* (o período durante o qual o trabalhador tem a obrigação de estar disponível no local de trabalho para intervir, a pedido do empregador, para realizar sua atividade ou deveres) e a *inactive part of on-call time* (o período durante o qual o trabalhador está *on-call*, mas não é chamado para exercer efetivamente sua atividade ou deveres) (70).

A intensidade dos debates mantém-se, e tanto a legislação como a jurisprudência europeias sobre o tempo de trabalho, o tempo de permanência ou o descanso compensatório foram o motivo de *opt-out* de diversos países. É, também, a explicação da diversidade das leis nacionais e da dificuldade de organização do trabalho nos hospitais, que continua no centro dos debates sobre a revisão da Diretiva (71).

A complexidade do sector da saúde, que precisa garantir serviços 24 horas por dia, 7 dias por semana, coloca enormes desafios à organização do trabalho. As longas jornadas laborais noturnas são práticas comuns. Além disso, devido à escassez de pessoal no sector da saúde, há um recurso frequente a horas extraordinárias. Esta situação tem gerado desconformidade entre a prática e as normas. Apesar das convenções internacionais, bem como da regulamentação europeia e das leis nacionais estabelecerem limites máximos de horas de trabalho diário (8 a 10 horas), a atividade médica com jornadas de trabalho superiores a 12, 18 e 24 horas de trabalho consecutivo é uma prática generalizada e tolerada (Doc. J) (7) (72) (73).

Adicionalmente, salienta-se que a baixa convergência do regime de trabalho médico nos países com a legislação europeia é normalmente explicada pelas especificidades nacionais e as diferentes configurações dos atores dentro do sistema de saúde de cada país, pela natureza das questões associadas à transposição da Diretiva que geraram interpretações divergentes, mas também pelo estatuto social dos médicos (Doc. B) (74).

O estatuto do médico parece ser um importante fator da diferenciação do horário de trabalho. Em «Cogestão e neoartesanato: elementos conceituais para repensar o trabalho em saúde combinando responsabilidade e autonomia» (75), Campos reconheceu que «os médicos foram capazes de se organizar — valendo-se de uma força política e corporativa — para defender sua autonomia mesmo em situações em que não eram proprietários dos meios necessários à sua atividade, sendo capazes até mesmo de impor aos gestores a sua forma de organizar o trabalho.» Na mesma linha, Terra (76) admitiu que o desenvolvimento científico-tecnológico impedia que um único profissional dominasse a totalidade do conhecimento, gerando situações de dependência e de complementaridade dos profissionais no âmbito da prestação de cuidados. Mas que, apesar disso, «a integração do médico nas instituições mantém o seu estatuto social e profissional, ocupando um lugar no topo da hierarquia de autoridade» (Doc. E).

De facto, o estatuto do médico ocupa os primeiros lugares da hierarquia social pela especificidade, relevância e benefício reconhecidos do seu saber. Alguns estudos etnográficos apontam para a manutenção de um padrão de relação hierárquica tradicional na saúde, em que o papel do médico é central apesar do crescimento de novas profissões no sector (77). Neste quadro são habitualmente identificadas perceções que determinam linhas de pensamento de influência sociocultural, nomeadamente o médico representa o expoente máximo do saber sobre a doença; o doente, além de supostamente não dispor desses conhecimentos, está normalmente num estado frágil que o inabilita na decisão racional sobre a sua saúde; o sentido da máxima «a saúde não têm preço»; a submissão incondicional do doente é tecnicamente justificada e socialmente aceite; quase todos, em algum momento da vida, estão doentes.

## 3.3. *Síntese de evidências*

Segundo Vauchel, a questão do «tempo de trabalho dos médicos parece "surrealista" e até incongruente» (Doc. H). A organização coerente com o trabalho em equipa tanto do pessoal médico como do não-médico é indispensável, implicando criar condições de sincronização dos tempos de trabalho para cooperação entre os profissionais de saúde (78). Besset acrescenta que a especificidade e a complexidade das regras de gestão do tempo de trabalho médico constituem um impedimento importante para os profissionais e para a administração dos hospitais (Doc. I), reconhecendo que a reforma do tempo de trabalho médico é um processo árduo e longo, mas essencial para assegurar o funcionamento permanente dos serviços e garantir a prestação de cuidados de saúde sem interrupção (79).

A organização do tempo de trabalho médico é uma condição *sine qua non* num sector que precisa de garantir a prestação contínua de cuidados de saúde. Todavia, esta matéria não parece merecer especial interesse para os representantes dos médicos, nem para os responsáveis pelas políticas de saúde, embora pareça haver consenso nos pressupostos: a obrigação dos serviços de saúde de se organizarem em função das necessidades dos doentes e a promoção da saúde, da segurança e do bem-estar dos profissionais. Apesar desse consenso, continuam a ser raras as iniciativas de ajustamento do regime de trabalho médico à exigência de funcionamento contínuo dos serviços de saúde.

Destacamos, contudo, uma proposta de reduzir o tempo de serviço noturno dos trabalhadores médicos para 10 horas, constante de um estudo encomendado pelo ministro da Saúde francês, em 2011 (Doc. J) (73). Nessa proposta de revisão das modalidades de organização diária do trabalho médico recomendava-se que cada dia de 24 horas fosse dividido em cinco períodos:

- Dois períodos de aproximadamente cinco horas cada: das 08h30 às 18h30, durante a semana (de segunda-feira a sábado de manhã). O dia seria dividido em dois períodos de aproximadamente cinco horas, devendo ser flexíveis para permitir a continuidade das atividades;
- Um período das 18h30 às 22h30: seria criado um período da tarde que, sendo inovador, deveria ser objeto de contrato específico com remuneração ajustada às características do período;
- Dois períodos de 5 horas cada, das 22h30 às 08h30, que corresponderiam ao turno da noite.

De acordo com o grupo de trabalho, esta metodologia tornaria possível a redução do tempo de serviço noturno para dez horas e simplificaria a implementação da legislação europeia decorrente da Diretiva 2003/88/CE. Recomendava-se, ainda, (Doc. J) que a organização das atividades médicas no hospital fosse distribuída em seis áreas principais (73):

- Cuidados: diagnóstico e tratamento, continuidade e permanência, incluindo atividades de telemedicina;
- Saúde: prevenção, educação;
- Qualidade e segurança: gestão de riscos, vigilância, avaliação;
- Treino, ensino e investigação;

- Responsabilidades institucionais e compromisso com a gestão económica;
- Projeto pessoal, importante manter uma parte (ação humanitária, ética ou saúde pública, ação sindical, etc.), essencial para a motivação.

Contudo, tal proposta parece não ter conhecido desenvolvimentos em França e, segundo Sanchez (Doc. K), «serão necessários mais vinte anos para que os médicos do hospital se tornem autênticos funcionários do hospital público com tempo de trabalho conhecido.» Entre o desejo de uma melhor monitorização da atividade por parte dos dirigentes hospitalares e o desejo das organizações sindicais para que os médicos respeitem a legislação sobre horário de trabalho e descanso em segurança, decorre uma revolução cultural sobre a forma de contagem do tempo de presença dos médicos nos hospitais. Com a tradicional organização do trabalho médico em meios-dias, as horas semanais de trabalho médico ultrapassavam as 48 horas, chegando a 70 ou 80 horas semanais. Os profissionais recusavam-se a contar as suas horas de trabalho com base numa certa liberdade de organização do serviço aos doentes. «Para uma grande maioria de médicos, depois de prestado o Juramento Hipocrático, parece inconcebível ter de contar o tempo de trabalho que passa no hospital.» (Doc. K) (80)

Entretanto, (Doc. K) em finais de 2014 surgiram em França greves das organizações sindicais de médicos com o objetivo de respeitar a legislação europeia sobre horário de trabalho e descanso semanal. Pressionado pelos movimentos grevistas, o ministro da Saúde publicou a Circulaire n.º DGOS/2004/359, du 22 décembre 2014, relative aux modalités d'organisation du travail applicables dans les structures d'urgence – SAMU-SMUR, que constituiu uma inovação dos métodos de contagem do tempo de trabalho. Concretamente, os médicos devem completar 39 horas de «tempo clínico registado» e alcançar os objetivos do pacote de «tempo não registado», chamado de *temps texturant*, para cumprir suas obrigações de serviço, não devendo exceder o limite de 48 horas semanais por trimestre (80).

De acordo com Messenger e Vidal (Doc. A), uma boa organização do tempo de trabalho pode assegurar o bem-estar dos trabalhadores com efeitos positivos no desempenho individual e organizacional, caso haja participação de todas as partes na elaboração do modelo de horário de trabalho. Na análise comparativa da organização do tempo de trabalho nos sectores de saúde do Brasil, da África do Sul e da República da Coreia, apresentaram-se considerações gerais sobre como projetar e implementar modelos «equilibrados» (81):

- Primeiro, a organização do tempo de trabalho nos serviços de saúde é fortemente influenciada por fatores estruturais, incluindo instalações inadequadas e escassez de pessoal, que levam a horas extras excessivas, o que, por sua vez, leva a problemas de saúde, esgotamento, etc.;
- Segundo, há uma necessidade crítica de conformidade entre as leis nacionais do trabalho e a legislação do sector da saúde. São necessárias medidas para combater os horários de trabalho que excedem os limites legais. As longas jornadas de trabalho frequentes neste sector estão intimamente relacionadas com a escassez regular de pessoal;
- Terceiro, a melhoria das condições de trabalho e a redução do número total de horas de trabalho para médicos, designadamente os médicos em formação, é uma questão urgente nos países e deve ser abordada. As horas de trabalho excessivas são um fator-chave na deterioração do bem-estar e dos níveis de desempenho.

### 3.3.1. Em Portugal

No sistema de saúde português (Doc. T), coexiste o Serviço Nacional de Saúde (SNS), com os esquemas especiais de seguro de saúde para profissões ou sectores específicos («subsistemas de saúde», por exemplo, no sector público para os funcionários públicos; no privado para o sector bancário), e o seguro privado de saúde (82).

O número de médicos e de enfermeiros em Portugal aumentou desde 2000. Com cinco médicos por mil habitantes em 2017, este número parece elevado em comparação com a média da UE, de 3,6; porém, inclui todos os médicos licenciados, mesmo aqueles que não exercem Medicina. Apesar de tudo, o sistema enfrenta uma escassez de médicos de clínica geral. A força de trabalho de enfermagem (6,7 por mil) está abaixo da média da UE (8,4) (Doc. U) (1).

Segundo o relatório *Portugal: Country Health Profile 2019* (Doc. U), o SNS português foi projetado para fornecer cuidados de saúde universais e abrangentes, embora na prática existam algumas barreiras de acesso para determinados grupos populacionais, particularmente nas áreas rurais. Em 2017, 2,3% da população portuguesa relatou necessidades de atendimento médico não satisfeitas devido aos custos, à distância ou ao tempo de espera. As necessidades não satisfeitas diminuíram em relação a 2014, mas permaneceram acima da média da UE (1,8%), ao passo que as relatadas quanto ao atendimento odontológico não satisfeitas (devido ao custo, à distância ou a lista de espera) são as segundas mais altas da UE e cerca de quatro vezes a média europeia (11,6% em comparação com 2,9% em 2017). Para resolver isto, Portugal implementou, em 2008, um programa de atendimento odontológico gratuito a mulheres grávidas, crianças em idade escolar, idosos que recebem benefícios sociais, pessoas vivendo com VIH/sida (desde 2010) e pessoas com cancro de boca (desde 2014). Está, também, a ser implementado um plano para integrar dentistas nas unidades de cuidados de saúde primários (1).

Há uma distribuição desigual de recursos de saúde (instalações e profissionais), com escassez de especialistas em psiquiatria, oftalmologia e ortopedia nas áreas rurais. Além disso, verifica-se que os municípios com uma predominância de idosos têm uma proporção mais baixa de médicos por mil habitantes. Esses municípios estão concentrados em áreas rurais do interior, bem como na Madeira e nos Açores (1).

No que se reporta aos três desafios traçados pela Assembleia Mundial da Saúde (40) e pela Comissão Europeia (25), o sistema de saúde é igualmente caracterizado em *Portugal: Country Health Profile 2019* da seguinte forma (Doc. U) (1):

- Eficácia: A mortalidade por causas evitáveis e tratáveis em Portugal está abaixo da média da UE. As taxas de hospitalização evitáveis muito baixas indicam a eficácia geral dos cuidados de saúde primários;
- Acessibilidade: Embora tenham diminuído as barreiras de acesso aos cuidados de saúde primários e as necessidades relatadas de assistência médica não satisfeita também tenham reduzido, os pagamentos diretos *out-of-pocket* permanecem relativamente altos.
- Resiliência: A concentração de esforços para aumentar a eficiência na prestação de cuidados otimizaram a relação custo/benefício (*value for money*) nos níveis de atividade do sistema de saúde. No entanto,

os hospitais públicos acumularam grandes atrasos nos pagamentos (*arrears*) que persistem e comprometem a sustentabilidade financeira do SNS.

O quadro regulador da organização do trabalho médico em Portugal decorre do Decreto-Lei n.º 266–D/2012, de 31 de dezembro, que introduziu alterações ao Decreto-Lei n.º 176/2009 e ao Decreto-Lei n.º 177/2009, ambos de 4 de agosto, e dos acordos coletivos de trabalho (22) (23). Resulta destes diplomas que o período de trabalho dos médicos da área hospitalar está dividido em duas partes:

*i)* Uma componente referente a atividade programada correspondente, em regra, a 22 horas semanais, das 40 horas semanais do período de trabalho, a ser distribuída em horários organizados com um máximo de 8 horas diárias, de segunda a sexta-feira, das 8 horas às 20 horas;
*ii)* Uma componente referente a trabalho prestado nos serviços de urgência, externa e interna, em unidades de cuidados intensivos e unidades de cuidados intermédios, organizado de segunda a domingo, entre as 00 horas e as 24 horas, de acordo com as seguintes regras:
- Até 18 horas, em média, de trabalho semanal;
- Períodos diários máximos de 12 horas;
- No máximo dois períodos semanais;
- Ao período normal pode acrescer um período semanal de até 6 horas de trabalho extraordinário.

A modalidade de horário de trabalho por turnos, prevista e adotada para todos os trabalhadores, não é extensível ao grupo de pessoal médico (cláusulas 34.ª do ACCEM e 35.ª do ACT) (22) (23). Por outro lado, o recurso ao regime de prevenção é de carácter excecional e «deve ser objeto de acordo escrito entre a entidade empregadora pública e o trabalhador médico, podendo este fazer cessar a respetiva prática, mediante declaração, feita à entidade empregadora pública, a qual produz efeitos a partir de 30 dias da data de apresentação da declaração» (cláusulas 44.ª do ACCEM e 45.ª do ACT) (22) (23).

Estas normas geram um modelo complexo de implementação. Assim, generalizou-se uma interpretação e prática em que subsiste a afetação de até 18 horas para atividades de urgência, sendo as restantes programadas no período entre as 8 e as 20 horas de segunda a sexta-feira. Fora destes períodos, há lugar ao trabalho extraordinário. Tal entendimento decorre, designadamente, dos acordos coletivos de trabalho — o «período normal de trabalho é de 8 horas diárias e 40 horas semanais, organizadas de segunda a sexta-feira» (ACCEM, cláusula 33.ª, n.º 1, e ACT, cláusula 34.ª, n.º 1), considerando-se «trabalho suplementar todo o que é prestado fora do horário normal de trabalho» (ACCEM, cláusula 42.ª, n.º 1; e ACT, cláusula 43.ª, n.º 1) (22) (23).

Apesar de tudo, é possível a constituição de «equipas médicas nos serviços de saúde de urgência, externa e interna, unidades de cuidados intensivos, unidades de cuidados intermédios, por recurso a trabalhadores médicos afetos exclusivamente ao exercício de funções naquelas unidades» (número 1 do artigo 6.º do Decreto-Lei n.º 266–D/2012, de 31 de dezembro). Segundo Ramos e Paiva (Doc. V), a mudança do modelo organizacional nos serviços de urgência com a criação de equipas médicas dedicadas em tempo integral com médicos experientes em medicina de emergência, pode ter efeitos financeiros notáveis, liberando profissionais médicos, reduzindo os custos com horas extras de trabalho e reafectando recursos humanos para outras funções (83). São, contudo, muito escassas as iniciativas desta natureza, apesar do sucesso do modelo organizacional do trabalho médico no serviço de urgência do Centro Hospitalar de São João no Porto (Doc. V).

### 3.3.2. Em França

O sistema de saúde francês (Doc. F) está estruturalmente baseado numa abordagem bismarckiana, com objetivos de universalidade e solidariedade que o aproximam cada vez mais do estilo Beveridge. Atualmente, o Seguro Social de Saúde cobre quase 100% da população residente (84).

Com um papel tradicionalmente forte do Estado (Doc. G), o sistema de pagador único depende cada vez mais de receitas tributárias para garantir a sustentabilidade financeira dos fundos do seguro de saúde. Desde 2009, as agências regionais de saúde têm desempenhado um papel crescente na gestão da prestação de serviços de saúde em nível local (2). A prestação de cuidados (Doc. F) é partilhada entre médicos privados e independentes, hospitais públicos, hospitais privados sem fins lucrativos e hospitais privados com fins lucrativos. Juntamente com o sector de saúde e o sector social, existe um sector combinado de saúde e assistência social, o «terceiro sector», que fornece serviços de assistência e apoio a idosos e pessoas com deficiência (84).

O número de médicos (Doc. G) permaneceu estável na última década e está abaixo da média da UE. Em 2017, havia 3,2 médicos por mil habitantes, em comparação com os 3,6 de média da UE. O número de enfermeiros por população aumentou de 7,6 por mil habitantes em 2007 para 10,5 por mil habitantes em 2017 e encontra-se superior à média da UE (2).

As necessidades de atendimento médico não satisfeitas (Doc. G), reportadas em 2017, devido aos custos, à distância ou ao tempo de espera, são muito reduzidas, contemplando apenas 1% da população. As necessidades não atendidas são elevadas nos serviços menos abrangidos pelo seguro de saúde, como aparelhos óticos e auditivos, serviços de assistência mental e atendimento odontológico (2).

Numa outra perspetiva, a densidade de profissionais de saúde (Doc. F) é caracterizada por grandes disparidades regionais, não relacionadas com as necessidades da população, e consequentemente levantam questões de equidade (84). As desigualdades geográficas (Doc. G) permanecem, estimando-se que 5,4 milhões de pessoas (8% da população) vivem em áreas onde o acesso aos clínicos gerais é potencialmente limitado, nomeadamente em áreas rurais e em subúrbios distantes de pequenas e grandes cidades (2).

Os médicos franceses há muito tempo que têm o direito de estabelecer a sua atividade onde desejam, e as tentativas de restringir esta liberdade enfrentam forte oposição de associações profissionais (84).

Várias iniciativas têm sido adotadas na última década para resolver o problema dos chamados *medical deserts* (Doc. G), incluindo apoio financeiro e incentivos fiscais. Desde 2007, a principal ação política para resolver esse problema foi a criação de *multidisciplinary medical homes*, para permitir que médicos de família e outros profissionais de saúde trabalhem no mesmo local (2).

No que se reporta aos três desafios traçados pela Assembleia Mundial da Saúde (40) e pela Comissão Europeia (25), o sistema de saúde é caracterizado em *France: Country Health Profile 2019* (Doc. G) da seguinte forma (2):

- Eficácia: A mortalidade por causas tratáveis está entre as mais baixas dos países da UE, sinalizando que o sistema de saúde tem um bom desempenho no tratamento das pessoas com doenças agudas. Com uma nota menos positiva, a mortalidade evitável é maior do que em muitos países da UE, mas abaixo da média;

- Acessibilidade: O acesso aos cuidados de saúde geralmente é bom, mas são muitas as necessidades não satisfeitas em serviços com menos cobertura, como o atendimento odontológico. O acesso aos médicos é limitado em algumas áreas rurais e carenciadas, mas inúmeras iniciativas foram lançadas para mitigar esses problemas, incluindo a criação de práticas multidisciplinares e um maior papel dado aos farmacêuticos e enfermeiros;
- Resiliência: Como noutros países da UE, prossegue o envelhecimento da população, aumentando a procura de cuidados continuados de saúde de longa duração e adicionando pressão orçamental. Existe potencial para melhorar os resultados de saúde pelo fortalecimento das políticas de prevenção e pela redução da procura dos hospitais, promovendo uma melhor coordenação de atendimento fora destes para pessoas com doenças crónicas.

Em finais de 2014, no seguimento dos movimentos grevistas, surgiram em França novos métodos de contagem do tempo de trabalho. Os médicos devem completar 39 horas de «tempo clínico registado» e alcançar os objetivos do pacote de «tempo não registado», chamado *temps texturant*, para cumprir suas obrigações de serviço, não devendo exceder o limite de 48 horas semanais por trimestre. Considera-se que um médico que completou 39 horas de trabalho cumpriu «tempo clínico registado», e o pacote das restantes atividades de *temps texturant* cumpriu suas obrigações de serviço, o que lhe permite ser compensado pelo tempo de trabalho adicional além de 48 horas. O «tempo clínico registado» inclui as atividades de receção e atendimento dos doentes, ao passo que o *temps texturant* compreende as atividades dedicadas aos processos adjacentes como a formação contínua, as reuniões disciplinares, a organização e gestão do serviço, os procedimentos de qualidade-risco-vigilância, investigação, ensino, etc. Segundo Sanchez, esta metodologia pretende assegurar uma melhor reconciliação da vida privada com a vida profissional, com reconhecimento do trabalho de cada médico, através da organização das equipas do trabalho médico por turnos nos serviços de urgências, sem prejudicar a estrutura organizativa dos serviços, nem a distribuição geográfica dos recursos médicos (Doc. K) (80).

Por outro lado, está instituída a assistência ambulatorial não programada Permanence Des Soins (PDS), que tem por base os Decretos n.º 2003-880, de 15 de setembro, n.º 2005-328, de 7 de abril, e n.º 2010-809, de 13 de julho, todos de 2010 (Doc. L). A PDS é considerada uma missão de serviço público, dirigida por médicos generalistas (*médecins généralistes libéraux*) de forma voluntária, para responder às solicitações de cuidados não programados, fora do horário de funcionamento da atividade programada, ou seja, durante a semana das 20h00 às 08h00, assim como das 12h00 de sábado às 08h00 de segunda-feira. Estes médicos participam voluntariamente na escala de serviço da PDS, mas se esta ficar incompleta, o Conseil Départemental de l'Ordre des Médecins deverá preenchê-la e, em caso de falha, há possibilidade de se proceder a requisições de trabalhadores (85).

Além dos médicos generalistas, também os médicos hospitalares têm a obrigação de participar na PDS. Esta participação tem as especificidades descritas na base de dados HOPITALEX:[3]

A. Para o pessoal docente e hospitalar, o mesmo profissional não pode permanecer continuadamente no local de trabalho por mais de 24 horas consecutivas. Também, a menos que haja uma necessidade imperiosa de serviço e excecionalmente, não pode ser obrigado a garantir participação superior a:
   - Uma noite por semana, sob a forma de permanência no local, ou três noites por semana, sob a forma de prevenção, ou duas meias-noites seguidas de dois períodos de meia-prevenção por semana;
   - Um domingo ou feriado público por mês, sob a forma de permanência no local, ou dois domingos ou feriados públicos por mês, sob a forma de prevenção.

B. Os médicos hospitalares, médicos a meio tempo, assistentes, (...) não podem garantir participação sob a forma de «prevenção» superior a:

[3] HOPITALEX é uma base de dados jurídica especializada para os estabelecimentos públicos da saúde [https://www.hopitalex.com/doc/obligations-ph-temps-matiere-temps-travail-astreintes.html].

- Três noites por semana ou duas meias-prevenções após dois períodos de permanência no local, por semana;
- Dois domingos ou feriados por mês.

C. Assistentes associados (...) não podem fazer «prevenção». (...)

No entanto, eles podem, voluntariamente, exceder aqueles padrões dentro dos limites compatíveis com o desempenho adequado de seu serviço diário.

### 3.3.3. Alemanha

O seguro de saúde na Alemanha (Doc. M) é obrigatório e, consequentemente, oferece cobertura quase universal. Está dividido em seguro de saúde social público e seguro de saúde privado (86).

Uma característica fundamental do sistema político alemão (Doc. N) — e do sistema de saúde em particular — é a partilha dos poderes de decisão entre o governo federal, os órgãos estaduais (*Länder*) e as organizações da sociedade civil legitimadas (87). O Ministério Federal da Saúde (Doc. M) é responsável pela elaboração de políticas ao nível federal, desenvolvendo leis e diretrizes administrativas. Os Estados (*Länder*) são responsáveis pelo planeamento e financiamento dos hospitais, incluindo investimentos. As organizações legitimadas, como associações de prestadores e de fundos de doença, reúnem-se no Comité Conjunto Federal (Federal Joint Committee), que tem a seu cargo traduzir objetivos legislativos em regulamentos específicos (86).

Em 2017 (Doc. M), o número de médicos (4,3) e enfermeiros (12,0) por mil habitantes era superior à média da UE (médicos, 3,6; e enfermeiros, 8,5). A força de trabalho em saúde é comparativamente grande, verificando-se uma diminuição dos clínicos gerais. As recentes reformas concentraram esforços no recrutamento de médicos de clínica geral para áreas remotas e rurais, onde a escassez de profissionais de saúde é um importante desafio do sistema de saúde (86).

A Alemanha tem níveis extremamente baixos de necessidades médicas não satisfeitas (Doc. M). A percentagem de pessoas que relatou necessidades médicas não satisfeitas por razões financeiras, distância ou tempo de espera foi próxima de zero em 2017. No entanto, como o seguro público de saúde não cobre totalmente o atendimento odontológico, 11% da população alemã relatou necessidades não satisfeitas em 2014 (86). A densa oferta de médicos e hospitais contribui para a alta disponibilidade de serviços (Doc. M). Para a maioria da população, o clínico geral mais próximo fica a menos de 1,5 quilómetros. No entanto, as áreas rurais podem enfrentar uma potencial escassez de médicos, o que pode levar a maiores distâncias (86).

Todavia, (Doc. M) identifica-se uma descoordenação na prestação de serviços de saúde na Alemanha: existe fragmentação entre os cuidados primários e os cuidados especializados, devida à ausência de um sistema de controlo e integração (*gatekeeping*). Por outro lado, a informação clínica perde-se com frequência porque não existe um sistema de registo eletrónicos de dados de saúde (86).

Os serviços de urgência hospitalares superlotados são um tópico muito discutido na Alemanha (Doc. M). Os doentes usam os serviços de emergência, mesmo que os sintomas não exijam tratamento urgente, e também quando os médicos de atendimento ambulatorial (clínicos gerais) não estão disponíveis, por exemplo, à noite ou nos fins de semana. A legislação aprovada recentemente visa aumentar a disponibilidade dos clínicos gerais. Além disso, em julho de 2019, o ministro federal da Saúde apresentou um projeto de reforma dos cuidados de emergência a ser desenvolvido com os *Länder* (86).

No que se reporta aos três desafios traçados pela Assembleia Mundial da Saúde (40) e pela Comissão Europeia (25), o sistema de saúde é caracterizado em *Germany: Country Health Profile 2019* (Doc. M) da seguinte forma (86):

- Eficácia: As taxas de mortalidade para causas evitáveis e tratáveis são ligeiramente mais baixas que a média da UE. O fortalecimento da promoção, prevenção e coordenação integrada da prestação de cuidados de saúde (primários e especializados) poderia permitir à Alemanha aumentar a eficácia de seu sistema de saúde.
- Acessibilidade: A Alemanha regista baixos níveis de necessidades médicas não satisfeitas. Fornece uma ampla carteira de serviços e rede de segurança financeira que cobrem a maioria dos custos com a saúde. Uma rede densa de médicos, enfermeiros e hospitais garante alta disponibilidade geral de cuidados em toda a Alemanha, embora com menor disponibilidade nas áreas rurais.

- Resiliência: As reservas financeiras acumuladas pelo sistema de seguro social de saúde compensam as crises económicas, mas a sustentabilidade financeira futura pode tornar-se um desafio com o envelhecimento da população. O sistema tem potencial para ganhos de eficiência ao centralizar a atividade hospitalar, contendo gastos crescentes com produtos farmacêuticos e fazendo um melhor uso da *eHealth*.

A Lei do Trabalho da Alemanha (ArbZG Arbeitszeitgesetz) implementa a Diretiva da UE (Doc. O), visando garantir a segurança e a proteção do trabalhador, e fornece o enquadramento geral. Estabelece o princípio de que o horário normal de trabalho diário não pode exceder 8 horas, mas pode ser estendido até um máximo de 10 horas se a média em três meses for de 8 horas por dia. Define, também, que o tempo de trabalho semanal não pode exceder uma média de 48 horas por semana dentro de um período de 12 meses. Estas e outras disposições são objeto de negociação com os parceiros sociais, sendo o tempo de trabalho geralmente regulado através de acordos coletivos (61).

Na Alemanha, segundo Clavier *et al.* (Doc. B), de acordo com o barómetro hospitalar de 2008 estimava-se que em mais da metade dos hospitais (54,6%) era possível o horário de trabalho diário até 24 horas. As dificuldades de financiamento e a falta de médicos eram apontados com os principais obstáculos à implementação da nova organização do trabalho, decorrente da Diretiva de 2003. A implementação efetiva depende dos diferentes acordos coletivos por tipo de hospital (74).

De acordo com Maschmann *et al.* (Doc. P), o horário de trabalho dos médicos nos hospitais, com um número de horas semanal entre as 50 e a 60 horas, era um tema em permanente de debate na Alemanha. A tendência para mais médicos do sexo feminino e uma mudança geral na atitude dos médicos mais jovens em relação ao equilíbrio entre vida profissional e familiar desafiaram os padrões de trabalho hospitalares. A greve por melhores condições de trabalho dos médicos alemães que trabalhavam em hospitais universitários levou a um novo acordo coletivo de retribuição salarial (hospitais universitários) que entrou em vigor em novembro de 2006. Acordos similares foram também adotados em outros hospitais (88).

Segundo os mesmos autores (Doc. P), as condições estabelecidas nos Acordos Coletivos e as obrigações decorrentes da Diretiva 2003/88/CE tiveram o seguinte impacto no tempo laboral médico dos hospitais universitários na Alemanha (88):

- Tempo de trabalho semanal de 42 horas para médicos em período integral;
- Limite para o tempo médio de trabalho semanal entre 42 e 48 horas;
- Por acordo individual, o limite médio pode aumentar até 54 horas sob certas condições (cláusula *opt-out*);
- Delimitado o tempo máximo de trabalho diário de 10 horas;
- Extensão possível do limite máximo até 12 horas sob certas condições.

Na prática, (Doc. P) para as atividades de internamento e ambulatório foram organizados turnos de trabalho com duração entre as 08h40 e as 10 horas, com pausas incluídas. Para os fins de semana foi estabelecido um turno completo, das 09h30 às 18 horas, para cobrir o período com a carga de trabalho mais pesada, seguido por um turno *on-call shift* com médico sénior e um médico júnior. As conclusões do referido estudo, apesar de orientadas para o Hospital Universitário de Ginecologia e Obstetrícia, indicam que (88):

- A adesão à organização do tempo de trabalho decorrente da Diretiva 2003/88/CE pode ser possível adaptando cuidadosamente os novos modelos de trabalho por turnos às necessidades de atendimento dos doentes e às condições de trabalho dos próprios médicos; e
- O necessário aumento do número de médicos para o novo modelo de trabalho por turnos e correspondentes custos de pessoal podem ser compensados pelo incremento da rotatividade de doentes, resultando em mais receita para o equilíbrio orçamental.

No blogue sobre o mercado de trabalho para médicos, *PraktischArtz*[4], podemos identificar alguns factos de interesse sobre o horário de trabalho:

[4] PraktischArtz – blogue sobre o mercado de trabalho para médicos [https://www.praktischarzt.de/blog/arzt-arbeitszeit/].

- O tempo de trabalho diário não deve exceder 8 horas, podendo ser estendido para 10 horas se a média de 8 horas não for excedida no prazo de seis meses;
- O tempo de trabalho semanal de 48 horas não deve ser excedido, no período de referência de 6 meses;
- Trabalho noturno é aquele que tem pelo menos duas horas do período da noite (23h00–06h00);
- As horas extraordinárias devem ser documentadas pelo empregador;
- O trabalho voluntário deve ser impedido pelo empregador se o trabalhador exceder o limite máximo de tempo de trabalho.

De acordo com a base de dados STEIGBÜGEL,[5] os horários e as horas de trabalho dos médicos nos hospitais alemães diferem significativamente, identificando-se, basicamente, dois modelos de organização do tempo de trabalho: «modelos de serviço» e «sistemas de turnos».

Os «modelos de serviço» são a forma mais comum de organização do trabalho médico baseado em conceitos como:

- Serviço diurno (*day service*): jornada diária normal de trabalho com número de horas especificadas no contrato de trabalho, que deve incluir pausas. Como regra, todas as atividades de trabalho programado são realizadas aqui;
- Trabalho tardio (*Late shift*): turno prolongado do dia por um único médico. Alívio temporário do trabalho noturno, por exemplo, assumindo atividades de internamento, ambulância, emergências, etc.;
- Serviço noturno (*Night duty*): horários de trabalho noturno, diferentes de instituição para instituição. O trabalho começa de manhã (serviço de 24 horas) ou à noite (serviço apenas durante a noite);
- Serviço de 24 horas (*24-hour service*): combina o trabalho do dia e da noite, com períodos de descanso;

[5] O STEIGBÜGEL é uma equipa de mais de 10 mil profissionais médicos (AMBOSS) que criou a base de dados mais abrangente para carreiras médicas no mundo de língua alemã. Esta base de dados foi lançada em 2015 [https://www.amboss.com/de/steigbuegel].

- Serviço de urgência (*Emergency service*): o médico está no local de trabalho e pronto para qualquer tarefa. A remuneração é a mesma para cada hora de trabalho.
- Serviço de chamada (*Call service*): o médico não precisa estar no local de trabalho, mas deve estar sempre disponível para ir trabalhar, se necessário. Quando é chamado, a remuneração é maior do que durante o período de disponibilidade;
- Serviços de fim de semana e feriados (*Weekend and holiday services*): nestes dias, a atividade dos hospitais é menor do que durante a semana. Na maioria das vezes, os médicos estão de serviço diurno ou noturno e geralmente cobrem atividades de ambulatório ou de emergência. Existem também os chamados serviços de apoio ao internamento a partir de casa;
- Serviço em segunda linha de apoio (*Background service*): geralmente praticado por médicos seniores para aconselhamento ou consultadoria.

O «sistema de turnos» é utilizado geralmente nas unidades de cuidados intensivos. Ao contrário do internamento normal, em que o trabalho principal ocorre durante o dia, aqui é importante que haja uma equipa disponível todo o tempo para cuidar de doentes graves. É feita uma distinção entre um sistema de dois turnos com 12 horas cada e um sistema de três turnos com 8 horas cada. Os sistemas de turnos são frequentemente apresentados como uma solução para o horário normal de trabalho no sector de saúde, mas são frequentemente discutidas as vantagens e desvantagens para a saúde e bem-estar do trabalhador.

### 3.3.4. Reino Unido

O acesso ao sistema de saúde do Reino Unido é gratuito, sendo maioritariamente financiado por impostos (Doc. Q). Os residentes legais do Reino Unido podem usar o National Health Service (NHS) e também podem adquirir um seguro de saúde privado, se assim o desejarem (89).

Desde 1999 (Doc. Q) que a gestão do NHS é descentralizada, o que significa que a Escócia, o País de Gales e a Irlanda do Norte tomam suas próprias decisões sobre a maneira como os seus serviços de saúde são organizados (89).

Apesar de a organização e o financiamento dos serviços ter divergido, (Doc. R), no entanto, os quatro países mantiveram o modelo de origem do NHS financiado por impostos (90). O Governo do Reino Unido (Doc. Q) decide a política de saúde e aloca um orçamento para o NHS de Inglaterra, e aloca subsídios para a Escócia, o País de Gales e a Irlanda do Norte que, por sua vez, decidem as suas próprias políticas (89).

Contudo, (Doc. Q) apesar dessa diversidade na organização dos sistemas, alguns aspetos do quadro regulatório continuam a operar em todo o Reino Unido, em conformidade com os padrões europeus. Existe uma variedade de reguladores que monitorizam o NHS e as organizações associadas; alguns reguladores supervisionam todo o Reino Unido (como grupos de profissionais de saúde), enquanto outros são específicos de um país (serviços de qualidade) (89).

A maioria dos cuidados secundários do NHS (Doc. Q) são prestados por médicos especialistas assalariados (conhecidos como consultores) e outros que trabalham em hospitais estatais. Para que os pacientes recebam atendimento de especialistas (consultores), eles devem ser encaminhados por um clínico geral ou admitidos no hospital como um caso de emergência (89).

Embora tenham vindo a aumentar (Doc. R), o número de médicos por mil habitantes é baixo (2,8, em comparação com uma média da UE de 3,6 em 2017). Em contrapartida, o número de enfermeiros por mil habitantes diminuiu desde 2005, passando de 9,2 para 7,8 em 2017, enquanto a média da UE aumentou de 7,3 em 2005 para 8,5 em 2017 (90). A escassez da força de trabalho (Doc. R) está a impulsionar alguma inovação na mudança de papéis e nas próprias carreira profissionais por forma a maximizar a eficiência operacional. A inexistência de pessoal suficiente afeta o acesso aos cuidados de saúde e os tempos de espera (90).

Em média, (Doc. R) cerca de 3% da população relatou necessidades de atendimento médico não satisfeitas devido ao custo, ao tempo de espera ou à distância. «Uma pesquisa recente em todo o Reino Unido verificou que 49% dos entrevistados relataram problemas no acesso a cuidados urgentes fora de horas.» Continua a registar-se pressão sobre os cuidados de emergência, apesar de o número de atendimentos estar a aumentar (90).

No que se reporta aos três desafios traçados pela Assembleia Mundial da Saúde (40) e pela Comissão Europeia (25), o sistema de saúde é caracterizado em *United Kingdom: Country Health Profile 2019* (Doc. R) da seguinte forma (90):

- Eficácia: Embora abaixo das médias da UE, as taxas de mortalidade por causas evitáveis e tratáveis são maiores do que em outros países da UE de alta renda e não melhoraram nos últimos anos. Lidar com as desigualdades nos resultados de saúde continua sendo um desafio.
- Acessibilidade: Quase todos os cuidados são gratuitos e o acesso geral aos serviços de saúde é bom. No entanto, o tempo de espera aumentou e existem barreiras financeiras para o atendimento odontológico, pois nem sempre é gratuito.
- Resiliência: A escassez de força de trabalho ameaça a sustentabilidade do sistema de saúde. A insuficiência contínua de médicos, enfermeiros e profissionais de saúde pode afetar negativamente o acesso aos cuidados e sua qualidade.

Os acordos coletivos entre o representante dos médicos (British Medical Association) e o Departamento de Saúde regulam as condições de trabalho no Reino Unido (Doc. B). A Diretiva europeia foi transposta para o direito nacional pelo Working Time Regulations 1998, modificado em 2003 para incluir médicos em formação. O recurso ao *opt-out* foi importante para adiar a implementação até 2009 das normas sobre descanso compensatório e sobre o tempo máximo de trabalho aos médicos em formação. No Reino Unido, o estatuto dos médicos é o principal fator de diferenciação do horário de trabalho, e tanto os médicos especialistas como os médicos em formação excedem a média de horas semanais de trabalho fixadas pela UE. O tempo de trabalho dos médicos varia de acordo com seu estatuto, a sua especialidade, a região e o hospital (74).

Não faltaram reações no Reino Unido contra a entrada em vigor da Diretiva 2003/88/CE em agosto de 2009, com os médicos britânicos a dizerem que a Diretiva, destinada a proteger os funcionários do excesso de horas de trabalho, ia longe demais e teria consequências desastrosas para doentes e médicos. Até aos anos 1990, os médicos juniores na Grã-Bretanha trabalhavam por rotina mais de 100 horas por semana. Após um esforço para reduzir a carga horária, a profissão estava agora protegida pela Diretiva da UE. No entanto, não havia consenso. De acordo com o Departamento de Saúde do Reino Unido (UK Department of Health), 48 horas são consistentes com a «segurança do doente, um atendimento de alta qualidade e um bom equilíbrio entre vida profissional e médica». No mesmo sentido, a British Medical Association explicava o apoio à Diretiva para melhorar o equilíbrio entre vida profissional e limitar horas excessivas. No entanto, o Royal College of Physicians, o Royal College of Surgeons e o Royal College of Anesthetists avisavam que a semana de 48 horas aumentaria os níveis de pessoal até ao ponto de rutura, interromperia a continuidade do tratamento e reduziria substancialmente a exposição clínica dos médicos juniores, prejudicando a sua formação e experiência. Acresce que as entidades empregadoras do NHS se sentiam desconfortáveis e temiam litígios dos médicos em face dos novos modelos de trabalho (Doc. S) (91).

A prática instituída no Reino Unido para regulação do tempo de trabalho é o contrato de trabalho. As horas normais de trabalho são fixadas no contrato que geralmente inclui pormenores de quaisquer taxas de pagamento de horas extraordinárias e como são praticadas.[6] A estrutura legislativa do trabalho Working Time Regulations 1998 estabelece as seguintes orientações (Doc. O) (61):

- O tempo de trabalho, incluindo horas extras, não deve exceder 48 horas por 7 dias, por qualquer período de referência (artigo 4.º);
- Período de referência-padrão de 17 semanas (artigo 4.º, n.º 3);
- O acordo coletivo pode modificar a referência, mas não pode exceder 52 semanas (artigo 23.º);
- O limite de 48 horas não se aplica se o trabalhador tiver concordado por escrito com seu empregador (artigo 5.º).

No *site* da British Medical Association[7] podem ser encontradas orientações e informações específicas para cada nação sobre modelos de contrato de trabalho, termos e condições:

- O médico especialista (*consultant*) não é obrigado a trabalhar como *resident on-call*, a menos que esteja previsto no seu contrato;

[6] Gov.UK. *Overtime: your rights*. Government of United Kingdom. [https://www.gov.uk/overtime-your-rights].

[7] A British Medical Association é o sindicato dos médicos do Reino Unido [https://www.bma.org.uk/about-us].

- Ser *resident on-call* significa que o médico deve estar presente no seu local de trabalho durante o período de permanência, por exemplo, para cobrir tarefas de emergência. Este trabalho é diferente dos horários habituais de *consultan on-call*, em que o médico pode estar em casa por não ser necessário atendimento imediato ao doente;
- Contudo, estando previsto no contrato, o médico *resident on-call* pode fazer turnos de trabalho em que parte dos quais, ou todos, podem incidir sobre o período de tempo *premium* (entre as 19h00 e as 07h00);
- A menos que o médico tenha optado por escrito pela exclusão (*opt-out*), o tempo de trabalho não deve exceder os limites da Diretiva da UE;
- Os médicos podem trabalhar por turnos, com remuneração específica.

### 3.4. *Políticas comparadas*

No quadro que segue apresentam-se alguns aspctos que caracterizam o trabalho médico nos países selecionados, permitindo a comparação das respetivas políticas, com base nos seguintes indicadores:

- Número de médicos por mil habitantes;[8]
- Densidade de médicos;
- Uso da faculdade de *opt-out*;
- Compatibilidade do regime de trabalho médico com o funcionamento dos serviços e com o horário dos restantes profissionais (limitações na elaboração dos horários de trabalho; harmonia com os horários dos restantes profissionais; limitações na organização do trabalho por turnos);
- As necessidades médicas não satisfeitas por razões financeiras, distância ou tempo de espera.

[8] A OMS adotou uma proporção desejável de médicos-população de 1:1000 e um limite mínimo de 4,45 médicos, enfermeiros e parteiras por mil habitantes como parte da Estratégia Global sobre RHS, necessária para alcançar a cobertura universal da saúde. The Global Health Observatory. *Density of select health workforce per 10 000 population*. World Health Organization [http://www.who.int/gho/health_workforce/physicians_density/en/].

## Quadro 5 – Caracterização do trabalho médico nos países selecionados

| | Número de médicos | Densidade de profissionais de saúde | *opt-out* | Compatibilidade do regime de trabalho c/ o serviço e restantes profissionais | Necessidades não satisfeitas |
|---|---|---|---|---|---|
| **Portugal** | 5 médicos por mil habitantes | Distribuição desigual de recursos (instalações e profissionais) | Não | Limite de 18 horas por semana para o trabalho de urgência.<br>São recorrentes as situações de rutura dos hospitais sem médicos à noite e fins de semana.<br>O trabalho por turnos não está previsto nos ACT.<br>A especificidade e a complexidade das regras de organização do trabalho médico não garantem o funcionamento contínuo dos serviços (compatibilidade não evidenciada). | 2,3% da população |
| **França** | 3,2 médicos por mil habitantes | Desigualdades geográficas, estimando-se 8% da população com acesso limitado a clínicos gerais. | Sim | Os médicos têm a obrigação legal de prestar assistência ambulatorial não programada Permanence Des Soins (PDS) aos doentes de emergência e hospitalizados.<br>Estão estabelecidos limites para a «prevenção» e permanência no local.<br>As regras de organização do trabalho asseguram o funcionamento contínuo dos serviços (compatibilidade evidenciada). | 1% da população |
| **Alemanha** | 4,3 médicos por mil habitantes | Alta densidade. Para a maioria da população, o clínico geral mais próximo fica a menos de 1,5 km. | Sim | O «sistema de turnos» é utilizado geralmente nas unidades de cuidados intensivos. É feita uma distinção entre um sistema de dois turnos com 12 horas cada e um sistema de três turnos com 8 horas cada.<br>Após 2006, o tempo de trabalho diário não deve exceder 8 horas, podendo ser estendido para 10 horas se a média de 8 horas não for excedida no prazo de seis meses. Extensão possível do limite máximo até 12 horas sob certas condições.<br>A existência de dois modelos de organização do tempo de trabalho — «modelos de serviço» e «sistemas de turnos» — possibilitam o funcionamento contínuo dos serviços (compatibilidade evidenciada). | % próxima de zero |

| **Reino Unido** | 2,8 médicos por mil habitantes | Escassez de médicos e enfermeiros afeta o acesso e os tempos de espera. | Sim | A regulação do tempo de trabalho é fixada no contrato de trabalho com especial cuidado. Estando previsto no contrato, o médico pode estar presente no seu local de trabalho (*resident on-call*) para cobrir tarefas de emergência, ou em casa (*consultan on-call*) por não ser necessário atendimento imediato ao doente.<br>O médico (*resident on-call*) pode fazer turnos de trabalho em que parte dos quais, ou todos, podem cair durante o período de tempo *premium*.<br>Por força do contrato de trabalho é possível assegurar o funcionamento contínuo dos serviços (compatibilidade evidenciada). | 3% da população. 49% dos entrevistados relataram problemas no acesso a cuidados urgentes. |
|---|---|---|---|---|---|

***Fontes:*** Colunas 2, 3 e 6 – OCDE. European Observatory on Health Systems and Policies (1), (2), (86), (90); Coluna 4 – Relatório da Comissão Europeia 2017 (63); Coluna 5 – legislação e referências no texto.

## 3.5. *Considerações finais*

O objetivo desta revisão foi analisar criticamente o panorama atual sobre a política de organização da atividade médica. Pretendeu-se levantar uma discussão fundamental para os sistemas de saúde. Não se almejou deslegitimar os modelos de organização e a sua racionalidade, mas sim problematizá-los. Nesta área tão complexa, acredita-se que o saber e as práticas podem ser potencializados a partir de reflexões mais aprofundadas.

### 3.5.1. O que é comum

Nas políticas de saúde dos países selecionados, o tempo laboral médico é uma questão secundária em face de outras consideradas mais importantes e problemáticas no curto prazo, como a reforma dos sistemas de saúde, as remunerações e a evolução da demografia médica. Falta testar até que ponto a resolução destes problemas, apesar de importantes e na ordem do dia, poderia beneficiar de um acordo prévio sobre a organização do trabalho médico, com base nos pressupostos consensuais:

- Os sistemas de saúde precisam de garantir a prestação de cuidados de saúde 24 horas por dia, 7 dias por semana, com o recurso inevitável ao trabalho noturno e de fim de semana;
- O médico é o profissional de saúde capacitado para o diagnóstico, tratamento ou prevenção da doença e habilitado para intervir em pessoas doentes;
- A atividade destes profissionais é insubstituível.

Para responder aos desafios de acessibilidade, eficácia e resiliência do sistema de saúde, as leis laborais e os acordos coletivos garantem a compatibilidade do regime de trabalho dos profissionais de saúde com o período de funcionamento dos serviços. Porém, o grupo de pessoal médico é exceção e tem um regime de trabalho diferente dos restantes profissionais.

### 3.5.2. O que diverge

Reconhecendo as diferenças subjacentes aos sistemas jurídicos, identificámos alguns aspetos que relacionam o trabalho médico com a necessidade de funcionamento contínuo dos serviços de saúde.

1. Em França, de acordo com Sanchez, a aprovação da Circulaire n.º DGOS/2004/359, du 22 décembre 2014, relative aux modalités d'organisation du travail applicables dans les structures d'urgence – SAMU-SMUR constituiu uma reforma dos métodos de trabalho nos serviços de urgência. Concretamente, os médicos devem fazer 39 horas de «tempo clínico registado» e alcançar os objetivos do pacote de *temps texturant* para cumprir suas obrigações de serviço, com o limite de 48 horas semanais por trimestre. Além de permitir uma melhor reconciliação da vida privada com a vida profissional, esta reforma possibilitou a organização das equipas do trabalho médico por turnos nos serviços de urgências, sem prejudicar a estrutura dos serviços nem a distribuição geográfica dos recursos (Doc. K) (80).
   Acresce que os médicos franceses têm a obrigação legal de prestar assistência ambulatorial não programada (Permanence Des Soins) aos doentes de emergência e hospitalizados. Esta assistência tem

especificidades e pode ser prestada no local de trabalho (*la garde*) ou próximo do local de trabalho (*l'astreinte*) (Docs. I e L) (79) (85) (92);

2. Na Alemanha, a Lei do Trabalho (ArbZG Arbeitszeitgesetz) implementou a Diretiva da UE e estabeleceu o princípio de que o horário normal de trabalho diário não pode exceder 8 horas, mas pode ser estendido até um máximo de dez se a média em três meses for de 8 horas por dia. Definiu, também, que o tempo de trabalho semanal não pode exceder uma média de 48 horas por semana dentro de um período de 12 meses. Estas e outras disposições são objeto de negociação com os parceiros sociais, sendo o tempo de trabalho geralmente regulado através de acordos coletivos (Doc. O) (61).
   A existência de vários modelos de organização do tempo de trabalho na Alemanha, designadamente «modelos de serviço» e «sistemas de turnos», garante a flexibilidade necessária para a cobertura médica em diferentes períodos do dia (93). O «sistema de turnos» é utilizado geralmente nas unidades de cuidados intensivos. Por força das novas condições estabelecidas nos acordos coletivos após 2006, e das obrigações decorrentes da Diretiva 2003/88/CE, o tempo de trabalho diário não deve exceder 8 horas, podendo ser estendido para 10 horas se a média de 8 horas não for excedida no prazo de seis meses, sendo também possível a extensão do limite máximo até 12 horas sob certas condições (Doc. P) (88).
3. No Reino Unido, à semelhança de outros países, o estatuto social dos médicos é o principal fator da diferenciação do horário de trabalho (Doc. B) (74).
   A Diretiva europeia foi transposta para o direito nacional pelo Working Time Regulations 1998, modificado em 2003 para incluir médicos em formação. O recurso ao *opt-out* foi importante para adiar a implementação até 2009 das normas sobre descanso compensatório e sobre o tempo máximo de trabalho aos médicos em formação.
   Os acordos coletivos entre representantes dos médicos (British Medical Association) e o Departamento de Saúde (UK Department of Health) regulam as condições de trabalho no Reino Unido. A regulação do tempo de trabalho é fixada com especial cuidado no contrato de trabalho (Doc. O) (61). Estabelece-se que o médico pode estar

presente no seu local de trabalho (*consulta on-call*) para cobrir tarefas de emergência, ou em casa (*consulta non-call*), quando não for necessário atendimento imediato ao doente. O médico pode fazer turnos de trabalho em que parte dos quais, ou todos, podem incidir sobre o período de tempo *premium* (entre as 19h00 e as 07h00 na Inglaterra, entre as 20h00 e as 08h00 na Escócia), com melhor remuneração (94);

4. Em Portugal, ao contrário dos países selecionados, é particularmente observável a ausência de evidências de compatibilidade do regime de trabalho médico com o período de funcionamento dos serviços de saúde. Os horários de trabalho são organizados de segunda a sexta-feira, entre as 08h00 e as 20 horas. O restante período da semana — das 20h00 às 8 horas, bem como sábados, domingos e feriados — apenas pode ser garantido com «até 18 horas semanais» de cada médico e com trabalho extraordinário (22) (23). Deste modo, é notória a divergência entre o regime de trabalho e o período de funcionamento dos serviços. Acresce que, sendo o trabalho por turnos e o regime de prevenção práticas generalizadas nos outros países, em Portugal, o primeiro está excluído pelos acordos coletivos de trabalho, o segundo tem carácter excecional e está dependente da vontade do trabalhador.
   De salientar, ainda, que é comum os médicos serem escalados para longas jornadas de 24 horas consecutivas de trabalho (95). E porque é inexigível atividade contínua desta dimensão, assume-se e remunera-se como trabalho efetivo a pernoita e o descanso durante este período.

### 3.5.3. Conclusões

Em face do exposto, é possível apurar que, apesar das Convenções da Organização Internacional do Trabalho (96) (97) e de as legislações nacionais e europeia (98) definirem limites máximos para o trabalho diário, semanal e noturno, estes limites são habitualmente desprezados no sector da saúde dos países em análise, especificamente, na organização do trabalho médico: por um lado, o limite máximo de 10 horas de trabalho diário é frequentemente substituído pelas longas jornadas de 12 e/ou 24 horas de trabalho consecutivas; por outro, não só a carga horária excede habitualmente as 48 horas semanais, como o recurso a horas extraordinárias não tem carácter excecional.

Antes, pelo contrário, está generalizada a sua prática programada, com trabalho noturno por períodos superiores a 8 horas.

Foi possível apurar, adicionalmente, que tanto em França (79) (85) (92), como na Alemanha (93) (88) e no Reino Unido (61) (94), apesar das diferenças subjacentes, a legislação laboral garante condições para a distribuição do horário pelas atividades programadas e de urgência, e tanto o regime de prevenção como, em alguns casos, o trabalho por turnos, são usados para garantir o funcionamento contínuo dos serviços de saúde. O regime de prevenção é prática generalizada nestes três países. Além da prevenção, a Alemanha tem vários modelos de organização do tempo de trabalho que asseguram a cobertura médica em diferentes períodos do dia (93).

A incompatibilidade do regime de trabalho médico com o período de funcionamento dos serviços de saúde é observável em Portugal, nomeadamente pelas limitações na distribuição da carga horária semanal, na exclusão do trabalho por turnos e na utilização do regime de prevenção.

Um sistema de saúde em que o regime de trabalho médico é suficientemente flexível para garantir o período de funcionamento dos serviços tem maior probabilidade de ser compatível com os horários de trabalho dos restantes profissionais e promover o trabalho em equipa, multidisciplinar e de complementaridade. Entre os países selecionados, Portugal é aquele que tem o regime de trabalho médico menos flexível e, por conseguinte, com menores condições de compatibilidade com o funcionamento dos serviços e com o trabalho em equipa.

# 4. ESTUDO DE AVALIABILIDADE

## 4.1. *Introdução*

O estudo de avaliabilidade (EA)[9] desta política pretende salientar o seu interesse na gestão do acesso aos cuidados de saúde, contribuir para conhecer melhor o problema que visa resolver e revelar a imprescindível compatibilidade do regime de trabalho, com o funcionamento contínuo dos serviços e o trabalho em equipa, multidisciplinar e de complementaridade com os diferentes profissionais de saúde.

Este estudo permite apresentar os primeiros resultados de uma pesquisa avaliativa da política de organização da atividade médica em Portugal, configurada num EA que, como processo cíclico e interativo, consiste essencialmente em: *(i)* esclarecer os objetivos da intervenção e construir o modelo lógico; *(ii)* analisar e comparar a realidade da intervenção e o modelo lógico, isto é, avaliar se a intervenção está a ser implementada de acordo com o modelo teórico e se tal reúne condições para alcançar as metas e os objetivos propostos;

[9] Este trabalho foi publicado sob a forma de artigo científico com o título «Estudo de avaliabilidade da política de organização da atividade médica em Portugal», em Capítulo 5 do livro *Zulmira Hartz: inovação, humanidade e dinamismo na pesquisa, no ensino, na gestão e na avaliação em saúde* (pp. 160–167), Organizadores Eronildo Felisberto *et al.*, Brasília, DF: Conselho Nacional de Secretários de Saúde/29-10-2021/LEIASS/ISBN 978-65-88631-18-8. Outubro de 2021. Versão eletrónica disponível em https://www.conass.org.br/biblioteca/zulmira-hartz-inovacao-humanidade-e-dinamismo-na-pesquisa-no-ensino-na-gestao-e-na-avaliacao-em-saude/.

e *(iii)* reconhecer áreas de melhoria da intervenção através da identificação das questões de avaliação factíveis e úteis (99).

Através deste EA procurou-se proporcionar um ambiente favorável à avaliação, construir consensos entre os interessados sobre a natureza e os objetivos da intervenção e aumentar as possibilidades de uso dos resultados da avaliação. O EA, também conhecido como avaliação exploratória, originalmente desenvolvido como uma atividade de pré-avaliação para preparar as avaliações convencionais de programas (100), parece ser o mais adequado.

A avaliabilidade, anglicismo referente ao termo *evaluability*, que pode ser traduzido como «em que medida o programa pode ser avaliado», é o exame sistemático e preliminar de um programa, na sua teoria e na sua prática, a fim de determinar se há fundamento para uma avaliação extensa e/ou para melhor delimitar os objetivos do programa, bem como identificar áreas críticas a serem priorizadas na avaliação (101).

Antes e durante o processo de avaliação procurou-se identificar os interesses dos participantes como forma de garantir a sua utilidade (102). Pretendeu-se avaliar e criticar a intervenção até que o seu desenho fosse coerente e lógico, identificar o interesse dos resultados para a avaliação, analisar e comparar a realidade da intervenção e o modelo lógico, determinar se a intervenção está a ser implementada de acordo com o modelo teórico e se tem condições de alcançar os objetivos propostos, ou seja, se está bem definida e se o modelo da intervenção é avaliável (103). Procurou-se, também, obter o consenso quanto à pertinência da intervenção, isto é, a adequação ou coerência entre os objetivos da intervenção e os problemas a resolver; à adequação entre os objetivos da intervenção e os meios implementados para os alcançar, analisando o mérito do modelo teórico (a plausibilidade das hipóteses) e a validade do modelo operacional (a exatidão dos meios) (99).

Em suma, este estudo tentou, por um lado, obter concordância em relação ao modelo lógico e perguntas avaliativas, e por outro, que os propósitos e objetivos da intervenção fossem bem definidos, plausíveis e tivessem condições para a obtenção de dados (54).

Assim, realizou-se um EA com uma abordagem metodológica qualitativa esboçada num estudo de caso (47) com o intuito de captar as diversas perspetivas sobre a organização da atividade médica em Portugal. Com base nos elementos propostos por Thurston e Ramaliu (104), foram desenvolvidas as seguintes atividades: *(i)* identificação e revisão dos documentos disponíveis sobre a intervenção; *(ii)* identificação dos interessados na avaliação; *(iii)* obtenção de um entendimento preliminar de como atua a intervenção; *(iv)* descrição da intervenção com a identificação dos objetivos e as atividades; *(v)* construção e apresentação do modelo lógico da intervenção aos interessados, solicitando a análise e sugestões pertinentes; *(vi)* desenvolvimento do modelo teórico da avaliação; e *(vii)* obtenção de consenso sobre o modelo lógico da intervenção e da matriz de avaliação.

Com o levantamento da legislação e de procedimentos instituídos sobre o trabalho médico, bem como a revisão de literatura, foi possível construir uma base de dados que permitiu elaborar uma descrição preliminar e um projeto de modelo lógico da intervenção, posteriormente apresentados aos interessados solicitando a análise e sugestões.

O modelo lógico é um instrumento que circunscreve os aspetos básicos da intervenção, desde o seu planeamento até os resultados. O seu desenho compreende a conexão das partes da intervenção, seguindo uma cadeia de acontecimentos (57):

- *Recursos*: são necessários para se desenvolver uma intervenção;
- *Atividades*: os atores usam os recursos para realizar as atividades planeadas;
- *Produtos*: realizadas as atividades em conformidade com o plano, podem ser alcançados resultados imediatos ou efeitos que podem constituir metas incluídas no programa;
- *Resultados*: «mudanças específicas no comportamento, conhecimento, atitudes, condição e nível de funcionamento dos participantes do programa. Os resultados de curto prazo devem ser alcançados dentro entre 1–3 anos, enquanto os resultados de longo prazo devem ser alcançados dentro entre 4–6 anos» (57);
- *Impacto*: «mudança fundamental intencional ou não intencional que ocorre nas organizações, comunidades ou sistemas como resultado das atividades do programa dentro de 7 a 10 anos» (57).

Na construção do modelo lógico, foram identificados componentes da intervenção para comparar as características daquela que foi planeada com as da intervenção realmente implementada. Assim, considerando a natureza processual do EA, definimos como componentes do modelo lógico as quatro etapas da metodologia PDSA (105):

1) *Plan* (P) (Planear) – estabelecer os objetivos a alcançar, definir como se vão alcançar, e os recursos necessários para o fazer;
2) *Do* (D) (Fazer) – implementar as medidas necessárias;
3) *Study/Check* (S) (Estudar, avaliar) – verificar a implementação das medidas;
4) *Act* (A) (Agir, alavancar) – corrigir as medidas em conformidade com o plano e os padrões exigidos.

Não se trata propriamente de usar este modelo (ciclo de *Deming*) de controlo da qualidade que utiliza ciclos sequenciais iterativos para proporcionar melhorias reaplicando o conhecimento adquirido na prática, embora o objetivo seja vincular o processo e a estrutura aos resultados. O desafio é testar as etapas do modelo PDSA como componentes da avaliação da intervenção com vista à identificação de atividades e objetivos plausíveis. Tanto a descrição preliminar da intervenção como o esboço do modelo lógico foram submetidos à avaliação do painel de especialistas, solicitando resposta a algumas questões fechadas e abertas, apresentadas na forma de tabelas, procurando obter consenso sobre aquele documento e sobre o modelo de avaliação. Este processo de discussão obteve a participação de todos e gerou uma listagem preliminar de perguntas avaliativas com objetivo de identificar ações ou medidas para melhorar a intervenção.

Seguidamente, os questionários previamente preparados e ensaiados com o grupo de teste foram submetidos ao grupo de médicos e ao grupo de dirigentes do sector da saúde para efeitos de consensualização, consolidação e validação.

### 4.2. *Teoria da intervenção*

A descrição da intervenção, documento que reuniu consenso dos especialistas sobre «a política de organização da atividade médica em Portugal» (58), permitiu dar especial atenção aos objetivos, tentando clarificá-los.

Por sua vez, o modelo teórico da intervenção refere-se à forma como a política de organização da atividade médica pretende atingir os seus resultados, ou seja, como ela pretende realizar mudanças no sistema de saúde. A plausibilidade destas relações deve ser observada no modelo lógico.

No quadro que se segue apresentamos os itens fundamentais da descrição da intervenção para a construção do modelo lógico da intervenção.

**Quadro 6 – O problema, o programa e os objetivos**

- Problema: relação entre a organização do trabalho médico e eventuais efeitos na acessibilidade, eficácia e resiliência do sistema de saúde
- Programa: política de organização da atividade médica
- Objetivo geral: assegurar a acessibilidade, a eficácia e a resiliência do sistema de saúde
- Meta: garantir assistência médica nos serviços de saúde, durante 24 horas por dia e 7 dias por semana
- Público-alvo: sistema de saúde
- Objetivos específicos:
    1. Adotar instrumentos eficazes de planeamento, gestão e avaliação dos recursos [n.º 4 da Base 22 da Lei de Bases da Saúde (LBS)];
    2. Dispor de uma força de trabalho planeada e organizada que executa trabalho em equipa, multidisciplinar e de complementaridade entre os diferentes profissionais de saúde [alínea *c)* do n.º 2 da Base 29 da LBS];
    3. Satisfazer as necessidades assistenciais da população, em termos de disponibilidade, acessibilidade, aceitabilidade e qualidade [n.º 5 da Base 22 da LBS].

*Fonte:* Elaborado pelo autor

Um conhecimento da influência relativa dos componentes da intervenção sobre os efeitos esperados permite identificar os elementos críticos do sucesso e, desta forma, reproduzir um programa mais eficaz (106). A representação desta cadeia causal constitui o modelo lógico-teórico da intervenção (Figura 2).

**Figura 2 – Modelo lógico-teórico – influência relativa das componentes sobre os efeitos**

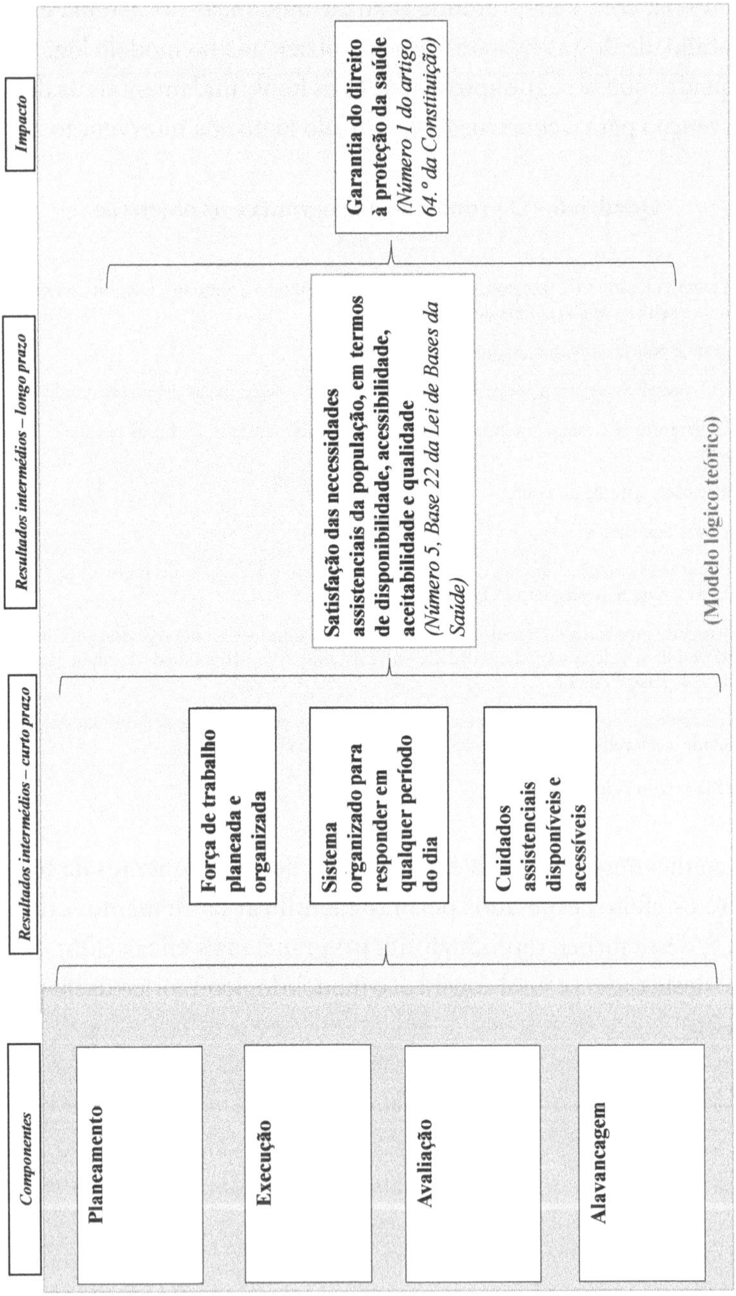


*Fonte:* Elaborado pelo autor

Já o modelo lógico-operacional (Figura 3) representa a maneira como o programa deveria permitir alcançar os objetivos da intervenção (54). Representa os recursos e processos necessários para que a organização da atividade médica possa assegurar a resposta de cuidados de saúde durante 24 horas por dia e 7 dias por semana.

**Figura 3 – Modelo lógico-operacional**

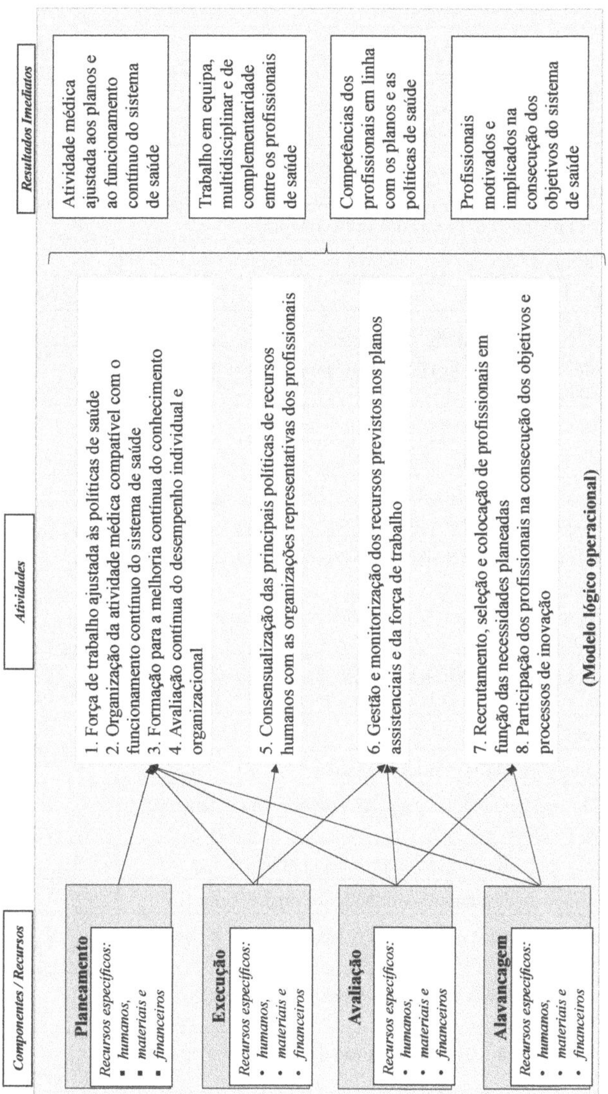


*Fonte:* Elaborado pelo autor

Com a participação dos especialistas, integraram-se os dois modelos, lógico-teórico e lógico-operacional, e desenhou-se uma primeira versão do modelo lógico, seguindo-se a distribuição pelos participantes, para, nas etapas do EA, debater questões, obter consenso e validar a versão final, com classificação das atividades e objetivos (Quadros 7 e 8).

**Quadro 7 – Classificação das atividades quanto à importância**

| Componentes / Atividades | Média | Desvio-padrão |
|---|---|---|
| **Planeamento (*Plan*)** | | |
| 1. Força de trabalho ajustada às políticas de saúde | 9 | 1,5 |
| 2. Organização da atividade médica compatível com o funcionamento contínuo do sistema de saúde | 9 | 1,1 |
| 3. Formação para a melhoria contínua do conhecimento | 8 | 1,3 |
| 4. Avaliação contínua do desempenho individual e organizacional | 8 | 1,2 |
| **Execução (*Do*)** | | |
| 1. Força de trabalho ajustada às políticas de saúde | 8 | 1,5 |
| 2. Organização da atividade médica compatível com o funcionamento contínuo do sistema de saúde | 9 | 1,3 |
| 3. Formação para a melhoria contínua do conhecimento | 8 | 1,3 |
| 4. Avaliação contínua do desempenho individual e organizacional | 8 | 1,5 |
| 5. Consensualização das principais políticas de recursos humanos com as organizações representativas dos profissionais | 7 | 1,5 |
| 6. Gestão e monitorização dos recursos previstos nos planos assistenciais e da força de trabalho | 9 | 1,3 |
| 7. Recrutamento, seleção e colocação de profissionais em função das necessidades planeadas | 8 | 1,5 |
| 8. Participação dos profissionais na consecução dos objetivos e processos de inovação | 9 | 1,3 |
| **Avaliação (*Check*)** | | |
| 1. Força de trabalho ajustada às políticas de saúde | 8 | 1,3 |
| 2. Organização da atividade médica compatível com o funcionamento contínuo do sistema de saúde | 9 | 1,5 |
| 3. Formação para a melhoria contínua do conhecimento | 8 | 1,4 |
| 4. Avaliação contínua do desempenho individual e organizacional | 8 | 1,3 |
| 6. Gestão e monitorização dos recursos previstos nos planos assistenciais e da força de trabalho | 8 | 1,4 |
| 7. Recrutamento, seleção e colocação de profissionais em função das necessidades planeadas | 9 | 1,6 |
| 8. Participação dos profissionais na consecução dos objetivos e processos de inovação | 8 | 1,4 |

| **Alavancagem (*Act*)** | | |
|---|---|---|
| 1. Força de trabalho ajustada às políticas de saúde | 8 | 1,3 |
| 2. Organização da atividade médica compatível com o funcionamento contínuo do sistema de saúde | 9 | 1,3 |
| 3. Formação para a melhoria contínua do conhecimento | 9 | 1,2 |
| 4. Avaliação contínua do desempenho individual e organizacional | 8 | 1,3 |
| 6. Gestão e monitorização dos recursos previstos nos planos assistenciais e da força de trabalho | 8 | 1,3 |
| 7. Recrutamento, seleção e colocação de profissionais em função das necessidades planeadas | 9 | 1,4 |
| 8. Participação dos profissionais na consecução dos objetivos e processos de inovação | 8 | 1,4 |

*Fonte:* Elaborado pelo autor

## Quadro 8 – Classificação dos objetivos quanto à importância

| Objetivos | Média | Desvio-padrão |
|---|---|---|
| 1. Força de trabalho planeada e organizada | 9 | 1,1 |
| 2. SNS organizado para responder em qualquer período do dia | 8 | 2,1 |
| 3. Cuidados assistenciais disponíveis e acessíveis | 9 | 1,3 |
| 4. Prestação de cuidados de saúde de qualidade e em tempo útil | 7 | 3,0 |
| OBS.: *O objetivo 4, com média igual a sete e desvio-padrão igual a três, apesar de importante, não foi incluído, por não ser consensual.* | | |

*Fonte:* Elaborado pelo autor

No processo de discussão e validação do modelo lógico com os participantes foi possível obter consenso relativamente aos seguintes aspetos:

- As atividades e os objetivos do modelo são plausíveis;
- Há coerência entre os objetivos da intervenção e os problemas a resolver;
- A lógica da intervenção tornou-se mais clara;
- Contudo, a implementação da intervenção está em desvio com o previsto no programa da organização da atividade médica.

Nas rondas de intervenção dos participantes recolheu-se opinião sobre os documentos, procurando compreender-se a ligação entre o modelo e a intervenção e as condições para alcançar os objetivos propostos. Assim, obteve-se um modelo lógico da intervenção (Figura 4) que, em termos de resultados, objetivos e impacto, reflete a intervenção planeada e incorpora, inevitavelmente, os princípios constitucionais de assegurar «o acesso de todos os cidadãos» aos cuidados de saúde, como também «uma racional e eficiente cobertura de todo o país em recursos humanos e unidades de saúde» [alínea *b)*, n.º 3, do artigo 64.º da Constituição Portuguesa – CRP] (107).

**Figura 4 – Modelo lógico da intervenção**

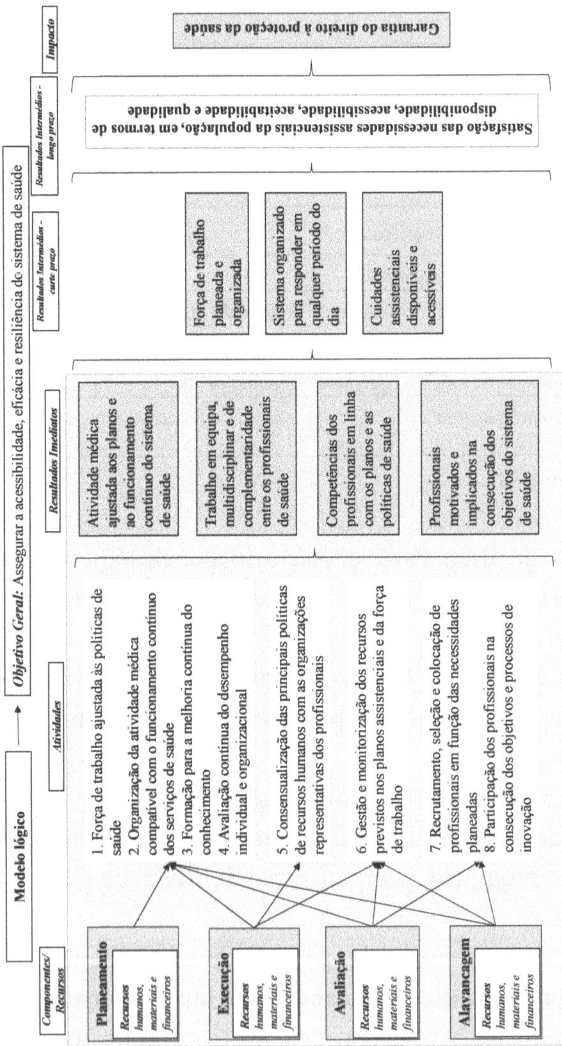

*Fonte:* Elaborado pelo autor

De igual modo, as atividades e os produtos (resultados imediatos, de curto prazo, intermédios e de impacto) refletem um modelo de gestão efetiva dos recursos por forma a dispor de uma força de trabalho planeada e organizada para satisfazer as necessidades assistenciais da população, em termos de acessibilidade, eficácia e resiliência. Assim, cada componente, atividade e objetivos do modelo lógico contribuem para o impacto e o resultado final, podendo não esgotar a natureza multidimensional dos fatores que concorrem para a resposta global do sistema de saúde, atendendo a interdependência das políticas de saúde em face das restantes políticas do Estado.

De salientar, porém, que o modelo lógico apresenta necessariamente algumas limitações: *(i)* representa o modo como supostamente a intervenção deveria acontecer no plano ideal, não considerando os possíveis obstáculos na execução; *(ii)* não inclui resultados, além dos que serão normalmente esperados; e *(iii)* apresenta dificuldade em estabelecer o nexo de causalidade, já que outros fatores externos à intervenção podem influenciar os resultados.

Contudo, esta construção do modelo permite representar o caminho lógico entre as causas imediatas e as causas distantes focadas pela intervenção, isto é, espera-se dispor de uma metodologia de organização da atividade médica que possibilite a distribuição dos médicos pelas unidades de saúde com horários de trabalho flexíveis e ajustados ao funcionamento contínuo dos serviços e ao trabalho em equipa.

## 4.3. *Foco da avaliação*

As avaliações são realizadas para responder a perguntas e aplicar critérios de julgamento de valor aos resultados encontrados. As perguntas avaliativas definem a direção da avaliação, e o modelo lógico é essencial para a sua formulação (108). Desta forma, numa primeira fase (divergente), as perguntas avaliativas foram identificadas, de um modo tão abrangente quanto possível, sobre questões e interesses potencialmente relevantes (102), seguindo-se a sua distribuição pelos participantes para debater questões e obter consenso. Delimitar o foco da avaliação e identificar os aspetos da intervenção que se pretende observar em profundidade foi fundamental. A abordagem participativa permitiu obter o grau de consensualização necessário para selecionar seis perguntas distribuídas pela avaliação da estrutura, do processo e do resultado.

### Quadro 9 – Seleção das perguntas avaliativas

| | Perguntas mais votadas | Votos | Tipo de pergunta |
|---|---|---|---|
| 1 | Há um plano de recursos humanos para uma racional e eficiente cobertura do país em número de médicos? | 33,3% | Avaliação da estrutura |
| 2 | Os médicos são colocados e distribuídos pelas diferentes regiões do país, conforme as necessidades? | 30,8% | Avaliação do resultado |
| 3 | O regime de trabalho médico é compatível com o trabalho em equipa, multidisciplinar e de complementaridade entre os diferentes profissionais de saúde? | 23,4% | Avaliação do processo |
| 4 | O regime de trabalho médico é compatível com a exigência de funcionamento contínuo do sistema de saúde, 24 horas por dia, 7 dias por semana? | 23,1% | Avaliação do processo |
| 5 | Existe um plano de organização da atividade assistencial, como instrumento que se destina a satisfazer as necessidades de saúde da população, em termos de disponibilidade, acessibilidade e qualidade? | 20,5% | Avaliação da estrutura |
| 6 | O desempenho individual e organizacional é avaliado? | 15,4% | Avaliação do resultado |

*Fonte:* Elaborado pelo autor

Surgiu, posteriormente, a necessidade de perceber e decidir se o estudo seria capaz de responder a todas as perguntas, considerando os recursos e as prioridades. Sucedeu, naturalmente, a fase (convergente) em que, com base na maior percentagem de votação, se consensualizaram as perguntas considerando critérios de prioridade, utilidade, relevância e viabilidade (102). Deste modo, recentrado o foco na «atividade médica planeada e organizada por forma a garantir um sistema de saúde eficaz, acessível e resiliente», o processo seletivo, validado mais tarde pelos participantes, levou-nos a identificar os aspetos fundamentais da «força de trabalho» que decorrem da Constituição portuguesa (CRP) e da Lei de Bases da Saúde (LBS), e que são questões de avaliação que facilitam ou comprometem o sucesso da intervenção que, por sua vez, visam prosseguir os desafios da eficácia, acessibilidade e resiliência do sistema de saúde.

Em conformidade com a matriz de análise e julgamento que segue, as respostas às perguntas avaliativas serão pois observadas a partir de critérios, indicadores e parâmetros que permitirão determinar o valor das mudanças na situação problemática como resultado da intervenção.

**Quadro 10 – Matriz de análise e julgamento**

| *Perguntas avaliativas* | *Critérios / Indicadores* | *Parâmetros* | *Tipo de dados* | *Fonte de dados* |
|---|---|---|---|---|
| **1–Há um plano de recursos humanos para uma racional e eficiente cobertura do país em número de médicos?** | Conhecimento do plano. Perceção dos participantes / Coeficiente de implementação | Plano, conforme artigo 64.º, n.º 3, alínea *b)* da CRP | Secundários e primários | Legislação, fontes científicas publicadas (artigos, teses, dissertações), fontes de divulgação de ideias (revistas, *sites*, etc.) e questionários |
| **4–O regime de trabalho médico é compatível com a exigência de funcionamento contínuo do sistema de saúde 24 horas por dia, 7 dias por semana?** | Conhecimento do regime. Perceção dos participantes / Grau de compatibilidade | Compatibilidade total do regime com o funcionamento contínuo | | |
| **3–O regime de trabalho médico é compatível com o trabalho em equipa, multidisciplinar e de complementaridade entre os diferentes profissionais de saúde?** | Conhecimento do regime. Perceção dos participantes / Grau de compatibilidade | Compatibilidade total do regime com o trabalho em equipa | | |
| **2–Os médicos são colocados e distribuídos pelas diferentes regiões do país, conforme as necessidades?** | Conhecimento do resultado. Perceção dos participantes / Coeficiente de implementação | Colocação conforme necessidades | | |

*Fonte:* Elaborado pelo autor

Na pesquisa avaliativa que sucedeu, foi utilizada informação disponível em base de dados (dados secundários) conjugada com a resultante do tratamento dos questionários aplicados aos participantes (dados primários).

## 4.4. *Recomendações*

O processo participativo permitiu verificar também que, após clarificação dos objetivos, a análise da realidade parece mostrar que a implementação da intervenção está em desvio do previsto.

Todavia, é plausível que a intervenção alcance os resultados se recentrar o foco nas questões de avaliação identificadas, de interesse crucial para *(i)* fortalecer a lógica da intervenção, de forma a torná-la mais clara, mensurável, realista e consensual; e *(ii)* melhorar a implementação ao nível das atividades da intervenção, para ter uma maior hipótese de alcançar os objetivos definidos.

Assim, utilizando o EA como ferramenta de apoio à tomada de decisão, e tendo por base os objetivos identificados no modelo lógico (Figura 4), bem como as questões que os participantes querem ver respondidas, podemos identificar na legislação e em algumas fontes de divulgação de ideias, um conjunto de observações/recomendações importantes para a implementação da intervenção:

1) A existência de um «plano de recursos humanos para uma racional cobertura do país em número de médicos», como atividade decorrente:
    1.1. Da incumbência prioritária do Estado em garantir uma racional e eficiente cobertura em todo o país de recursos humanos e unidades de saúde [alínea *b)* do n.º 3 do artigo 64.º da CRP];
    1.2. Da necessidade de reforçar a capacidade de planeamento e previsão em matéria de profissionais de saúde, plasmada no Regulamento (UE) n.º 282/2014 do Parlamento e do Conselho, de 11 de março de 2014 (25);
    1.3. Das diversas iniciativas da Comissão Europeia desde 2012, para desenvolver as capacidades dos Estados-membros de responderem aos problemas existentes nesta área e a ação conjunta sobre o planeamento e a previsão das necessidades de mão-de-obra no sector da saúde, a fim de antecipar as futuras necessidades em matéria de competências e melhorar o desenvolvimento profissional contínuo (44);
    1.2. Do desenvolvimento do Inventário Nacional dos Profissionais de Saúde — criado pela Lei n.º 104/2015, de 24 de agosto — como mais um instrumento de uma política de utilização mais racional e eficiente dos recursos disponíveis, para continuar a garantir o direito à proteção da saúde dos cidadãos.
2) Um «regime de trabalho médico compatível com a exigência de funcionamento contínuo do sistema de saúde», justificado por:
    2.1. O período entre as 20h00 e as 8 horas de segunda a sexta-feira, aos sábados, domingos e feriados — 108 (64,3%) das 168 horas

semanais — é assegurado com as «até 18 horas semanais» de cada médico (22) (23), o trabalho extraordinário e, frequentemente, a prestação de serviços por médicos externos à instituição. Tal significa que, o atual regime legal de trabalho médico, em Portugal, ao contrário do normativo aplicável aos restantes profissionais, não assegura condições para apoio médico permanente às atividades de internamento, urgência externa e interna, unidades de cuidados intensivos e unidades de cuidados intermédios.

2.2. Sendo o papel do médico insubstituível no diagnóstico e tratamento, conforme o regime legal da carreira médica (artigos 9.º dos Decretos-Lei n.º 176/2009 e n.º 177/2009, ambos de 4 de agosto), o sistema de trabalho deste grupo profissional tem influência direta na acessibilidade, eficácia e resiliência do sistema de saúde.

3) Um «regime de trabalho médico compatível com o trabalho em equipa, multidisciplinar e de complementaridade entre os diferentes profissionais de saúde», justificado por:

3.1. Na área da saúde, o trabalho em equipa pressupõe intensa colaboração entre profissionais (109), sem espaço para disputar o doente, pois a lógica não é obter lucros individuais mas propiciar melhores condições de saúde (110);

3.2. O reforço de modelos organizacionais de recursos humanos para instituir o «trabalho de equipa» é fundamental para assegurar a intervenção na doença crónica, na multimorbilidade, bem como na constituição e no desenvolvimento de competências para o trabalho multidisciplinar (111);

3.3. A organização interna dos estabelecimentos e serviços do SNS deve basear-se em modelos que privilegiam o «trabalho em equipa» (n.º 3 da Base 22 da LBS), cabendo ao Estado «promover uma política de recursos humanos que garanta (...) o trabalho em equipa, multidisciplinar e de complementaridade entre os diferentes profissionais de saúde» [alínea *c)* do n.º 2 da Base 29] (34);

3.4. A organização coerente com trabalho em equipa, tanto do pessoal médico como não médico, é indispensável para assegurar a qualidade e a continuidade dos cuidados de saúde que são progressivamente mais exigentes, implicando criar condições de sincronização dos tempos de trabalho para cooperação entre os profissionais de saúde (78).

4) Um «processo de recrutamento e seleção que garante a colocação e distribuição de médicos pelas diferentes regiões do país», porque incumbe prioritariamente ao Estado promover e prover:
   4.1. «Uma racional e eficiente cobertura de todo o país em recursos humanos e unidades de saúde» [alínea *b)*, n.º 3 do artigo 64.º da CRP];
   4.2. «A igualdade e a não discriminação no acesso a cuidados de saúde de qualidade em tempo útil» (n.º 2, Base 4 da LBS);
   4.3. «Uma força de trabalho planeada e organizada de modo a satisfazer as necessidades assistenciais da população, em termos de disponibilidade, acessibilidade, aceitabilidade e qualidade» (n.º 5, Base 22 da LBS).

## 4.5. *Considerações finais*

Neste trabalho concretizámos um EA ou pré-avaliação, que inclui um modelo de acompanhamento da intervenção com informações que podem ser utilizadas durante a sua execução, visando identificar precocemente possíveis problemas e assegurar o seu desenvolvimento conforme o planeado. Por último, pode utilizar-se este estudo com o propósito de aprofundar o tema e proporcionar uma nova abordagem.

Pretendeu-se conhecer se a intervenção poderia ser adequadamente avaliada e se esta avaliação contribuiria para melhorar o desempenho. Para o efeito, materializou-se o desenho do estudo com as seguintes etapas:

- Identificação e revisão dos documentos orientadores e implementadores da intervenção;
- Descrição da intervenção e construção do modelo lógico;
- O envolvimento e a interação com os participantes interessados sobre o modelo de avaliação, o modelo lógico da intervenção e as perguntas avaliativas.

Os interesses dos participantes envolvidos foram considerados com a finalidade de maximizar a utilidade da avaliação. Obteve-se concordância em relação ao modelo lógico e às perguntas avaliativas. Confirmou-se, também, que os propósitos e objetivos do estudo foram bem definidos, são plausíveis e têm condições para a obtenção de dados.

Deste modo, os objetivos do EA foram alcançados a partir dos seguintes resultados:

- A descrição da intervenção (58) e o modelo lógico (Figura 4) foram validados pelos interessados;
- As perguntas avaliativas foram identificadas e foi reconhecida a possibilidade de, em grande parte, poderem ser respondidas.

Concluímos, por conseguinte, que há condições para proceder à avaliação da intervenção. A concordância entre os participantes sobre o modelo lógico, por um lado, assim como a coerência entre as atividades, os objetivos e os resultados esperados, por outro, garantem a clareza da informação gerada e o seu possível uso no avanço do conhecimento empírico e teórico sobre a intervenção.

Reconhecemos que a principal limitação do estudo está relacionada com a inexistência de um programa devidamente estruturado e com uma definição clara dos objetivos e metas. Seria expectável identificar os objetivos gerais e específicos, bem como as metas da intervenção, que deveriam, também elas, ser específicas, viáveis, mensuráveis e localizadas no tempo e no espaço. Porém, como referimos, esta intervenção, pela sua especificidade e complexidade, não dispõe de um documento estruturado que identifique com clareza os objetivos e os resultados esperados. Todavia, nesta situação, o EA é útil, ao possibilitar uma visão mais nítida acerca da racionalidade da construção da intervenção; além disso, auxilia na construção de um entendimento comum a respeito do problema que se quer resolver, além do processo necessário para alcançá-lo, assim como elucida a coerência da lógica interna, contribuindo para identificar lacunas e resultados incoerentes.

Importa salientar ainda que o reconhecido potencial desta análise, que utiliza métodos científicos para melhorar a informação sobre o funcionamento e a eficácia da intervenção, contribui para a sua melhoria, isto é, demonstra-nos que pode ser avaliada e que a avaliação é capaz de contribuir para melhorar o seu desempenho.

Por outro lado, o envolvimento dos participantes permitiu esclarecer a lógica da intervenção e como se espera que os objetivos sejam alcançados, além de criar condições para se avançar para a sua avaliação (112). Acresce que a maior parte da informação recolhida neste estudo pode ser utilizada na avaliação subsequente. O impacto é maximizado pelo envolvimento dos interessados na análise da informação obtida, na justificação das conclusões, bem como na partilha e divulgação das lições aprendidas.

# 5. ANÁLISE DE IMPLEMENTAÇÃO

## 5.1. *Introdução*

Na análise de implementação investigou-se a intervenção no seu contexto real. Teve como principal objetivo analisar os fatores contextuais que podem afetar a implementação da política de organização da atividade médica em Portugal.

Através de um estudo observacional, analítico e transversal, pretendeu-se explicar a maneira de como, no decurso do tempo, a intervenção se adapta ao seu contexto e muda de forma (36). O estudo de caso é particularmente indicado na observação do contexto com base nas dinâmicas de interação entre os atores envolvidos na implementação da intervenção (106).

Neste estudo abrangemos dois tipos de análise de implementação (36):

- Análise da transformação da intervenção (tipo 1a) para explicar a modificação desta e identificar os fatores contextuais que afetam a sua implementação; e
- Análise da variação na integralidade da intervenção (tipo 1b) para justificar a diferença entre a intervenção planeada e a implementada.

Uma análise da implementação comporta, antes de mais, uma parte explicativa para compreender o desenvolvimento da intervenção, correspondendo a uma prévia descrição das estratégias e ações organizadas com o objetivo de solucionar ou pelo menos minimizar o problema (36). Assim, com a participação dos especialistas, foi possível obter um entendimento sobre a intervenção e a descrição da política de organização da atividade médica em Portugal (58), para efeitos deste estudo.

### 5.1.1. Matriz de avaliação do grau de implementação

Segundo Suchman, são normalmente identificados dois tipos de razões que podem explicar o fracasso de uma intervenção: ou as atividades previstas não foram implementadas (fracasso de implementação), ou não trouxeram os efeitos desejados (fracasso da teoria) (113).

Ora, reconhecendo que o grau de implementação tem forte influência nos efeitos da intervenção, através da análise dos determinantes contextuais do grau de implementação (tipo 1b), pretendeu-se explicar as diferenças entre a intervenção planeada e a que foi implementada (36).

A integralidade da intervenção está relacionada com a validade do conteúdo, a intensidade da realização das atividades e a adequação das atividades aos objetivos da intervenção (36). Nesse sentido, cada atividade derivada das perguntas avaliativas formuladas no EA foi avaliada pelos 42 participantes dos Grupos 3 e 4. Para o efeito, foi construída a matriz de avaliação seguinte, em que cada atividade corresponde a uma possibilidade de explicação sobre determinada causa de estudo, para apurar o grau de implementação.

**Quadro 11 – Matriz de critérios para avaliação do grau de implementação da intervenção**

| *Atividade* | *Classificação do grau de implementação* | | |
|---|---|---|---|
| | ***Não implementada*** | ***Parcialmente implementada*** | ***Implementada*** |
| Planeamento de recursos humanos para uma racional e eficiente cobertura do país em número de médicos | Não há um plano para prosseguir uma política de utilização racional e eficiente dos recursos (médicos) disponíveis, para garantir o direito à proteção da saúde a todos os cidadãos | Há um plano, mas falha a execução, a avaliação ou a alavancagem | Há planeamento, execução, avaliação e alavancagem adequadas |

| | | | |
|---|---|---|---|
| Regime de trabalho médico compatível com a exigência de funcionamento contínuo do sistema de saúde | O regime de trabalho não garante o funcionamento contínuo dos serviços. O funcionamento permanente está sempre dependente das horas extraordinárias de cada profissional | O regime de trabalho garante o funcionamento contínuo dos serviços com recurso pontual a horas extraordinárias | O regime de trabalho garante o funcionamento contínuo dos serviços sem recurso a horas extraordinárias |
| Regime de trabalho médico compatível com o trabalho em equipa, multidisciplinar e de complementaridade entre os diferentes profissionais de saúde | O regime de trabalho médico permite o trabalho em equipa durante uma parte do dia e até 2 dias por semana | O regime de trabalho médico permite o trabalho em equipa durante uma parte do dia e em 3 ou mais dias por semana | O regime de trabalho médico permite o trabalho em equipa durante 24 horas por dia e 7 dias por semana |
| Processo de recrutamento e seleção que garante a colocação e distribuição dos médicos pelas diferentes regiões do país | Existe uma assimetria na distribuição de médicos, com uma concentração nas zonas do Porto, Coimbra e Lisboa, e défice em várias regiões do país | Não existe uma assimetria de relevo na distribuição de médicos, apesar da maior concentração nas zonas do Porto, de Coimbra e Lisboa | O processo garante a colocação e distribuição dos médicos pelas diferentes regiões do país conforme as necessidades |

*Fonte:* Elaborado pelo autor

### 5.1.2. Matriz para avaliação da pertinência

Por meio da análise da transformação da intervenção (tipo 1a), pretendeu-se explicar a maneira de como, no decurso do tempo, aquela se adapta ao contexto, se as atividades foram implementadas e trouxeram os efeitos desejados. Uma vez implementada, a intervenção é influenciada por fatores e características do contexto que a transformam no plano organizacional. O contexto não só modifica a intervenção como também influencia o processo de implementação. Acresce, segundo Champagne, que é pertinente efetuar uma análise de implementação quando os efeitos da intervenção são nulos ou pouco robustos. Se, pelo contrário, os efeitos são robustos ou insensíveis às variações contextuais, então não há necessidade de se fazer essa análise. (36)

Assim, com a finalidade de conhecer da pertinência da análise de implementação, os objetivos identificados no modelo lógico foram avaliados pelos participantes. Para o efeito, foi construída a matriz de avaliação que segue, em que cada objetivo corresponde a uma possibilidade de explicação sobre determinada causa de estudo, para apreciar os efeitos da intervenção.

**Quadro 12 – Matriz de critérios para avaliação da pertinência da análise da implementação**

| *Objetivo* | *Classificação dos efeitos da intervenção* | | |
|---|---|---|---|
| | ***Nulos*** | ***Pouco robustos*** | ***Robustos*** |
| Força de trabalho planeada e organizada | Não há planeamento da força de trabalho adequada e ajustada às necessidades, com vista a assegurar o direito à proteção da saúde de todos os cidadãos | Há planeamento da força de trabalho em saúde, mas falha a execução, a avaliação ou a alavancagem | Há planeamento, execução, avaliação e alavancagem adequados para assegurar o direito à proteção da saúde de todos dos cidadãos |
| Sistema organizado para responder em qualquer período do dia | Os períodos entre as 20h00 e as 8 horas de segunda a sexta-feira, aos sábados, domingos e feriados, são assegurados com as «18 horas semanais» de cada médico, com o trabalho extraordinário e com prestação de serviços por médicos externos à instituição | Os períodos entre as 20h00 e as 8 horas de segunda a sexta-feira, aos sábados, domingos e feriados, são assegurados com as «18 horas semanais» de cada médico e com recurso pontual ao trabalho extraordinário, sem necessidade de recorrer à prestação de serviços por médicos externos à instituição | Os períodos entre as 20 e as 8 horas de segunda a sexta-feira, aos sábados, domingos e feriados, são assegurados integralmente com as «18 horas semanais» de cada médico, sem necessidade de recurso ao trabalho extraordinário ou à prestação de serviços por médicos externos à instituição |
| Cuidados assistenciais disponíveis e acessíveis | A maioria dos doentes não tem atendimento médico no SNS devido às diversas barreiras no acesso, ou é atendido fora dos tempos máximos de resposta garantidos (TMRG) | Alguns doentes não têm atendimento médico dentro dos TMRG devido às diversas barreiras no acesso aos cuidados de saúde | Todos os doentes têm atendimento médico dentro dos TMRG e não há problemas consideráveis no acesso aos cuidados de saúde |

*Fonte:* Elaborado pelo autor

## 5.2. *Pertinência da avaliação*

No desenvolvimento do processo participativo, cada objetivo do modelo lógico (Figura 4), desenvolvido no âmbito do EA, foi avaliado segundo a matriz de critérios estabelecida para conhecer a pertinência da análise da implementação, isto é, se os efeitos da intervenção são nulos, pouco robustos ou robustos. O resultado da avaliação consta do quadro que segue:

**Quadro 13 – Pertinência da análise de implementação**

| *Objetivo* | *Classificação dos efeitos da intervenção* | | |
|---|---|---|---|
| | ***Nulos*** | ***Pouco robustos*** | ***Robustos*** |
| Força de trabalho planeada e organizada | 9,5% | 81% | 9,5% |
| Sistema organizado para responder em qualquer período do dia | 59% | 31% | 10% |
| Cuidados assistenciais disponíveis e acessíveis | 19% | 75% | 6% |

*Fonte:* Elaborado pelo autor

A maioria dos participantes (81%) afirmou que os efeitos da intervenção em termos de «força de trabalho planeada e organizada com vista a assegurar o direito à proteção da saúde dos cidadãos, são pouco robustos, isto é, há planeamento, mas falha a execução, a avaliação ou a alavancagem. Cerca de 9,5% assegura mesmo que são nulos, e idêntica percentagem acha que são robustos. Do mesmo modo se reconhece que o sistema de saúde não está organizado para responder em qualquer período do dia. Cerca de 59% comprova que os efeitos da intervenção são nulos, isto é, para garantir o funcionamento contínuo dos serviços de saúde no período entre as 20h00 e as 8 horas de segunda a sexta-feira, bem como aos sábados, domingos e feriados, além das «18 horas semanais» de cada médico, é indispensável recorrer ao trabalho extraordinário e à prestação de serviços por médicos externos à instituição. Cerca de 31% classifica os efeitos como pouco robustos, isto é, aquele período é assegurado com as «18 horas semanais» de cada médico e com recurso pontual ao trabalho extraordinário. Apesar de tudo, há uma percentagem de 10% que reconhece robustez nos efeitos da intervenção neste objetivo.

Relativamente ao objetivo «cuidados assistenciais disponíveis e acessíveis», cerca de 75% reconhece que os efeitos são pouco robustos, isto é, devido às diversas barreiras no acesso aos cuidados de saúde, há doentes que não têm atendimento médico dentro dos tempos máximos de resposta garantidos (TMRG). Cerca de 19% admite que a maioria dos doentes não tem atendimento médico no SNS por causa das diversas barreiras no acesso, ou é atendido fora dos TMRG. Cerca de 6% considera robustos os efeitos da intervenção neste objetivo.

Assim, na generalidade, os efeitos da intervenção são nulos ou pouco robustos. Significa então que, de acordo com Champagne, é pertinente efetuar a análise da implementação da intervenção (36).

## 5.3. *Integralidade da intervenção*

Aspetos derivados das perguntas avaliativas e relacionados com o planeamento de recursos humanos, o regime de trabalho compatível com o funcionamento dos serviços de saúde, o trabalho em equipa e a distribuição geográfica, foram reconhecidos como relevantes para a racionalidade e a lógica da intervenção. Cada um deles foi avaliado pelos participantes quanto ao grau de implementação, segundo a matriz definida para explicar a diferença entre a intervenção planeada e a implementada, no âmbito da análise da variação na integralidade da intervenção (tipo 1b). O resultado da avaliação está explícito no quadro que se segue.

**Quadro 14 – Apreciação do grau de implementação da intervenção**

| *Atividade* | *Classificação do grau de implementação* | | |
|---|---|---|---|
| | ***Não implementada*** | ***Parcialmente implementada*** | ***Implementada*** |
| Planeamento de recursos humanos para uma racional e eficiente cobertura do país em número de médicos | 58% | 39% | 3% |
| Regime de trabalho médico compatível com a exigência de funcionamento contínuo do sistema de saúde | 72% | 28% | 0% |
| Regime de trabalho médico compatível com o trabalho em equipa, multidisciplinar e de complementaridade entre os diferentes profissionais de saúde | 36% | 55% | 9% |
| Processo de recrutamento e seleção que garante a colocação e distribuição dos médicos pelas diferentes regiões do país | 81% | 19% | 0% |

*Fonte:* Elaborado pelo autor

### 5.3.1. Planeamento

Cerca de 58% dos participantes entende que a atividade de planeamento de recursos humanos para cobertura do país em número de médicos não está implementada, isto é, não há um plano para uma utilização mais racional e eficiente dos recursos (médicos) disponíveis, com vista a garantir o direito à proteção da saúde dos cidadãos. Cerca de 39% entende que há planeamento, mas falha a execução, a avaliação ou a alavancagem, e 3% acha que está implementada.

### 5.3.2. Regime de trabalho compatível

Relativamente ao «regime de trabalho médico compatível», cerca de 72% admite que esta atividade não está implementada, ou seja, o regime legal de trabalho não garante o funcionamento contínuo dos serviços em «período normal de trabalho», estando sempre dependente das horas extraordinárias de cada profissional. Cerca de 28% entende que está parcialmente implementada; porém, ninguém (0%) considera esta atividade implementada.

### 5.3.3. Trabalho em equipa

Quanto à compatibilidade com «o trabalho em equipa, multidisciplinar e de complementaridade entre os diferentes profissionais de saúde», cerca 55% diz que está parcialmente implementada, na medida em que o regime de trabalho médico permite o trabalho em equipa com os diferentes profissionais de saúde, durante uma parte do dia e em 3 ou mais dias por semana. Apenas 36% reconhece que não está implementada, por oposição a aproximadamente 9% que entende que está implementada.

### 5.3.4. Distribuição geográfica

Por último, cerca de 81% considera que o «processo de recrutamento e seleção de médicos» não está aplicado, isto é, existe uma assimetria na sua distribuição, havendo uma concentração nas zonas do Porto, de Coimbra e Lisboa, e um défice em várias regiões do país. Cerca de 19% considera esta atividade parcialmente implementada; todavia, nem um único participante considerou esta atividade implementada.

## 5.4. *Fatores contextuais*

O envolvimento dos participantes revelou uma dinâmica de sensibilização e crescente interesse a respeito da temática, assim como uma perspetiva provocadora e desafiante do *statu quo*. Os questionários e as sessões *online* contribuíram para que se refletisse sobre as práticas e se aceitasse questionar as normas e os procedimentos que nunca tinham sido colocados em causa.

Analisámos os determinantes contextuais da transformação da intervenção (tipo 1a) em quatro vertentes: *(i)* organização e ambiente do trabalho; *(ii)* fatores contextuais que podem influenciar o sucesso da intervenção (interação sinérgica); *(iii)* fatores contextuais que podem comprometer a intervenção (interação antagónica); e *(iv)* como o contexto modifica e influencia a intervenção.

### 5.4.1. Organização e ambiente do trabalho

Assim, na vertente «organização e ambiente do trabalho», pudemos apurar:

1) O limite máximo das 10 horas de trabalho diário é ultrapassado de forma generalizada, com cerca de 67,4% a identificar períodos de 12 horas de trabalho consecutivo e 18,6% a confirmar jornadas de 24 horas, em violação clara das leis nacionais e internacionais;
2) O recurso vulgarizado ao trabalho extraordinário, com cerca de 65% dos participantes a confirmar que, em regra, ao «período normal de trabalho» acrescem 12 ou 18 horas de trabalho extraordinário por semana;
3) As atividades decorrentes do serviço de urgência são as principais responsáveis pelas horas extraordinárias dos médicos (cerca de 95%). Uma percentagem mais reduzida (cerca de 5%) identifica a afetação de horas extraordinárias às atividades de internamento;
4) Uma percentagem significativa (cerca 83%) concorda ou está totalmente de acordo que o recurso a horas extraordinárias deve ter carácter excecional;

5) Foram identificados três fatores que mais podem contribuir para a carga de trabalho excessiva dos médicos, por ordem de importância:
   - Organização disfuncional do trabalho;
   - Escassez de pessoal;
   - Regime legal do trabalho.
6) Os fatores que mais podem contribuir para a satisfação dos médicos do SNS, por ordem decrescente de importância, são:
   - Estatuto remuneratório;
   - Progressão na carreira profissional;
   - Formação para a melhoria contínua do conhecimento.
7) De salientar a perceção (cerca de 46%) de que os médicos não têm horário de trabalho aprovado por períodos de tempo superior a 30 dias.
8) As infraestruturas e os equipamentos, no sistema de saúde português, poderão necessitar de maior investimento. Se cerca de 39,5% admite que são adequadas, idêntica percentagem discorda; se 2,3% está totalmente de acordo, idêntica percentagem discorda totalmente. Os restantes — 18,6% — não concorda nem discorda.
9) Cerca de 85% concorda que o trabalho médico em regime de prevenção pode ser adotado em atividades que não carecem de intervenção imediata ou que apenas justificam apoio e orientação técnica à distância.

**Quadro 15 – As infraestruturas do sistema de saúde e o trabalho em regime de prevenção**

| Fatores | Discordo totalmente | Discordo | Não concordo nem discordo | De acordo | Totalmente de acordo |
|---|---|---|---|---|---|
| As infraestruturas e os equipamentos no sistema de saúde português são adequados | 2,3% | 39,5% | 18,6% | 37,2% | 2,3% |
| O trabalho médico em regime de prevenção pode ser adotado em atividades que não carecem de intervenção imediata ou que apenas justificam apoio e orientação técnica à distância | 0 | 9,3% | 4,7% | 74,4% | 11,6% |

*Fonte:* Elaborado pelo autor

### 5.4.2. Interação sinérgica

Na vertente «fatores contextuais que podem influenciar o sucesso da intervenção» (interação sinérgica) apurou-se o seguinte:

1) Sobre o pressuposto de que «os representantes do grupo profissional médico têm demonstrado interesse para implementar políticas de saúde em conformidade com os valores e princípios plasmados na Constituição da República Portuguesa (CRP) e na Lei de Bases da Saúde (LBS)» — cerca de 44% dos participantes discorda ou discorda totalmente, 21% não concorda nem discorda, e cerca de 35% está de acordo ou totalmente de acordo;
2) Na conjetura de que «os representantes dos médicos apoiam as medidas de colocação de médicos nas diferentes regiões deficitárias do país para garantir o acesso aos cuidados de saúde» — perto de 60% dos participantes discorda ou discorda totalmente, e cerca de 25% está de acordo ou totalmente de acordo;
3) Ainda na premissa de que «os representantes dos médicos apoiam, também, as medidas tendentes a garantir a compatibilidade do regime de trabalho com as exigências de funcionamento contínuo dos serviços de saúde» — cerca de 53% dos participantes discorda ou discorda totalmente, perto de 25% está de acordo ou totalmente de acordo;
4) E se «pelos mesmos motivos apoiam as medidas tendentes a assegurar a compatibilidade com o trabalho em equipa, multidisciplinar e de complementaridade entre os diferentes profissionais de saúde» — aproximadamente 46% dos participantes discorda ou discorda totalmente, apenas cerca de 35% está de acordo ou totalmente de acordo;
5) Ou no pressuposto de que «se os representantes dos médicos defendem o "direito à proteção da saúde", então também apoiam o ajustamento do regime de trabalho por forma a garantir a compatibilidade com o funcionamento permanente dos serviços e com o trabalho em equipa» — cerca de 46% dos participantes discorda, perto de 23% está de acordo ou totalmente de acordo.

## Quadro 16 – Fatores contextuais que podem influenciar o sucesso da intervenção

| Fatores | Discordo totalmente | Discordo | Não concordo nem discordo | De acordo | Totalmente de acordo |
|---|---|---|---|---|---|
| Os representantes do grupo profissional médico têm demonstrado interesse em implementar as políticas de saúde em conformidade com os valores e princípios plasmados na Constituição portuguesa e na Lei de Bases da Saúde. | 4,7% | 39,5% | 20,9% | 27,9% | 7% |
| Apoiam todas as medidas de colocação de médicos nas diferentes regiões deficitárias do país para garantir o acesso aos cuidados de saúde. | 7% | 53,5% | 14% | 23,3% | 2,3% |
| Apoiam as medidas tendentes a garantir a compatibilidade do regime de trabalho com as exigências de funcionamento contínuo dos serviços de saúde. | 9,3% | 44,2% | 20,9% | 20,9% | 4,7% |
| Apoiam as medidas tendentes a assegurar a compatibilidade dos horários de trabalho com o trabalho em equipa, multidisciplinar e de complementaridade entre os diferentes profissionais de saúde. | 2,3% | 44,2% | 18,6% | 30,2% | 4,7% |
| Apoiam o ajustamento do regime de trabalho por forma a garantir a compatibilidade com o funcionamento permanente dos serviços e com o trabalho em equipa. | 0% | 46,5% | 30,2% | 20,9% | 2,3% |

*Fonte:* Elaborado pelo autor

### 5.4.3. Interação antagónica

Em termos de «fatores contextuais que podem comprometer a intervenção» (interação antagónica) verificou-se o seguinte:

1) Cerca de 67% reconhece que o atual quadro legislativo e o processo de recrutamento não garantem a colocação de médicos nas regiões do país onde há necessidade, contrariando o disposto na CRP [alínea *b)*, n.º 3 do artigo 64.º];
2) Cerca de 55% confirma que o atual regime de trabalho médico não promove nem assegura o trabalho em equipa, multidisciplinar e de complementaridade exigido na LBS [alínea *c)*, n.º 2, Base 29].

**Quadro 17 – Fatores contextuais que podem comprometer a intervenção**

| Fatores | Discordo totalmente | Discordo | Não concordo nem discordo | De acordo | Totalmente de acordo |
|---|---|---|---|---|---|
| O atual quadro legal, bem como o processo de recrutamento, garantem a colocação de médicos em todas as regiões do país. | 2,3% | 65,1% | 11,6% | 16,3% | 4,7% |
| O atual regime de trabalho médico promove e assegura o trabalho em equipa, multidisciplinar e de complementaridade. | 2,3% | 53,5% | 20,9% | 18,6% | 4,7% |

*Fonte:* Elaborado pelo autor

### 5.4.4. Contexto e intervenção

Sobre o modo «como o contexto modifica e influencia a intervenção», comprovou-se o seguinte:

1) Cerca de 90% reconhece que nos sectores da educação e da justiça os professores e os juízes são distribuídos pelas diferentes regiões para ser garantido o acesso dos cidadãos. Porém, no sector da saúde, os concursos para médicos ficam desertos nas regiões deficitárias;

2) Cerca de 76% reconhece que, além das políticas de incentivos criadas para atrair médicos para regiões deficitárias, não há mecanismos para assegurar o acesso como acontece na educação e na justiça.
3) Aproximadamente 65% reconhece que o estatuto social do médico é um dos fatores que justifica a existência de um regime de trabalho diferente dos restantes profissionais;
4) Verifica-se um amplo consenso, cerca de 94%, quanto à necessidade dos diversos profissionais de saúde, sejam médicos, enfermeiros, auxiliares, etc., garantirem cuidados aos doentes internados em camas normais ou em camas críticas como unidades de cuidados intermédios ou de cuidados intensivos;
5) Porém, cerca de 75% admite que o regime legal de trabalho médico, em face dos dos restantes profissionais, é menos flexível e cria condições de desperdício de recursos;
6) Cerca de 81% atesta que o regime legal de trabalho médico tem menor compatibilidade com a organização do trabalho no sector da saúde.

**Quadro 18 – Como o contexto modifica a intervenção**

| Fatores | Discordo totalmente | Discordo | Não concordo nem discordo | De acordo | Totalmente de acordo |
|---|---|---|---|---|---|
| Nos sectores da educação e da justiça, os professores e os juízes são distribuídos pelas diferentes regiões para ser garantido o acesso aos cidadãos nas respetivas áreas. Porém, no sector da saúde, os concursos para médicos ficam desertos nas regiões deficitárias por falta de interesse dos candidatos. | 0% | 4,7% | 4,7% | 67,4% | 23,3% |
| Além das políticas de incentivos criadas para atrair médicos para regiões deficitárias, não há mecanismos para assegurar o acesso, como acontece na educação e na justiça. | 2,3% | 4,7% | 16,3% | 55,8% | 20,9% |

| | | | | | |
|---|---|---|---|---|---|
| O estatuto social do médico é um dos fatores que justifica a existência de um regime de trabalho diferente dos restantes profissionais. | 4,7% | 14% | 16,3% | 48,8% | 16,3% |
| Os doentes internados exigem apoio e acompanhamento de diversos profissionais de saúde, tais como médicos, enfermeiros, auxiliares, etc. | 0% | 0% | 6,3% | 6,3% | 87,4% |
| O regime legal de trabalho médico, em face dos restantes profissionais, é menos flexível e cria condições de desperdício de recursos. | 6,2% | 6,2% | 12,5% | 43,8% | 31,3% |
| O regime legal de trabalho médico tem menor compatibilidade com a organização do trabalho no sector da saúde. | 0% | 6,3% | 12,4% | 50% | 31,3% |

*Fonte:* Elaborado pelo autor

## 5.5. *Discussão e conclusões*

### 5.5.1. Aspetos relevantes

As políticas públicas interferem diretamente na vida dos cidadãos e dos profissionais estando sujeitas a múltiplos determinantes, muitas vezes contraditórios, decorrentes de variados interesses envolvidos no estudo e no formato dessas políticas (114). De acordo com Crozier e Friedberg (35), citados por Champagne (36), «o contexto de implementação é o lugar de encontro de interesses e de jogos políticos de diferentes atores» que, por vezes, pode transformar a intervenção num produto único e num modelo pouco racional.

Uma força de trabalho capacitada é determinante em qualquer sistema de saúde. Os médicos e outros profissionais são cruciais para atender às necessidades de saúde em circunstâncias normais e ainda mais em circunstâncias excecionais, como a pandemia (115). O sistema de saúde e as suas organizações precisam de se adaptar e evoluir para que possam responder em situações de maior ou menor procura de cuidados. Neste nível, a compatibilidade do regime de trabalho com o funcionamento contínuo dos serviços de saúde é indispensável.

Foi também consensual que um hospital deve funcionar 24 horas por dia e 7 dias da semana, embora com ritmos diferentes durante a noite, fins de semana e feriados, e que, neste período, além da necessidade de responder às situações de emergência, os hospitais também têm doentes internados em camas normais e/ou em camas críticas que precisam de cuidados.

Ora, médicos e outros profissionais de saúde são a força de trabalho indispensável no sistema de saúde. Porém, sem prejuízo do trabalho imprescindível dos outros profissionais, o acesso aos cuidados de saúde requer um número suficiente de médicos, com uma repartição apropriada de generalistas e especialistas e uma distribuição geográfica adequada para atender a população em todas as regiões do país. Acresce que, em Portugal, tal como na generalidade dos países, o médico é o profissional legalmente habilitado e capacitado para o diagnóstico, tratamento ou prevenção da doença e para intervir sobre pessoas doentes (artigos 9.º dos Decretos-Lei n.º 176/2009 e n.º 177/2009, ambos de 4 de agosto), o que torna a atividade destes profissionais, insubstituível. Por outro lado, uma maior flexibilidade do regime de trabalho médico e uma melhor distribuição geográfica não serão suficientes se não houver médicos para recrutar. Se a falta de médicos em algumas especialidades condiciona a organização do trabalho e a resposta do sistema de saúde, então são imprescindíveis ações de planeamento e de monitorização da capacidade formativa das universidades, do acesso à formação médica, do *numerus clausus* ou das vagas dos «internatos médicos» para as especialidades carenciadas.

Na análise da variação na integralidade da intervenção evidenciou-se a diferença entre a intervenção planeada e a implementada, em que foram reconhecidos aspetos relevantes para a racionalidade e a lógica da intervenção, como o planeamento de recursos humanos, o regime de trabalho compatível com o funcionamento dos serviços de saúde, o trabalho em equipa, e a distribuição geográfica adequada:

a) Planeamento de recursos humanos
   Em termos de planeamento, é de salientar a incumbência prioritária do Estado em «garantir uma racional e eficiente cobertura de todo o país

em recursos humanos e unidades de saúde», prevista na Constituição [alínea *b)* do n.º 3 do artigo 64.º da CRP], bem como a necessidade de reforçar a capacidade de previsão em matéria de profissionais de saúde plasmada no Regulamento (UE) n.º 282/2014 (25) e no Inventário Nacional dos Profissionais de Saúde (Lei n.º 104/2015, de 24 de agosto) como instrumento de uma política de utilização mais racional e eficiente dos recursos disponíveis;

b) Compatibilidade do regime de trabalho com o funcionamento do serviço

   Como já referimos sobre o regime de trabalho compatível, a gestão do tempo de trabalho deste grupo profissional é decisiva para assegurar o acesso, dado que o papel do médico é ímpar no diagnóstico e tratamento. Adicionalmente, sendo conhecida a escassez de médicos e a perceção da percentagem significativa que não tem horário de trabalho aprovado, o aparente desapreço é difícil de compreender.

   Para garantir o funcionamento permanente dos hospitais, a generalidade dos profissionais como enfermeiros, farmacêuticos, psicólogos, nutricionistas, técnicos de saúde, auxiliares, e todos os outros, têm modalidades de horário de trabalho flexíveis e compatíveis — porém, o regime de trabalho médico é exceção. Em Portugal, por exemplo, os horários de trabalho são organizados de segunda a sexta-feira, entre as oito e as 20 horas. O restante período da semana — 108 (64,3%) das 168 horas — apenas pode ser garantido «até 18 horas semanais» de cada médico (22) (23), isto é, com exceção das 18 horas semanais, não há lugar para atividade programada entre as vinte e as 8 horas de segunda a sexta-feira, nem aos sábados, domingos e feriados. Significa que, em grande parte do período de funcionamento dos serviços de saúde, o apoio médico às atividades de internamento, unidades de cuidados intensivos e unidades de cuidados intermédios, urgência externa e interna, só pode ser garantido maioritariamente com horas extraordinárias.

   De referir ainda que, no regime legal vigente, o trabalho prestado nos serviços de urgência externa e interna, unidades de cuidados intensivos e unidades de cuidados intermédios é organizado com «até 18 horas» de trabalho semanal por cada médico. Por conseguinte, para assegurar um posto de trabalho 24 horas por dia (168 horas/semana) sem recurso a horas extraordinárias, serão necessários dez médicos ($168 \div 18 = 9{,}34$).

Ora, de acordo com o regime legal de trabalho aplicável a todos os restantes profissionais de saúde, para assegurar o mesmo posto de trabalho 24 horas por dia sem recurso a horas extraordinárias são necessários apenas cinco a seis colaboradores ($168 \div 35 = 4{,}8$). Na modalidade de trabalho por turnos, com seis colaboradores a 35 horas por semana ($6 \times 35 = 210$), há um excedente de 42 horas ($210 - 168 = 42$) que podem ser geridas de tal forma que cada um pode estar ausente cerca de 10 semanas por ano (42h × 52 semanas ÷ 35h ÷ 6 colaboradores =10,4), por motivo de férias, faltas ou impedimentos.

Por outras palavras, para garantir um posto de trabalho com um médico e um enfermeiro durante 24 horas por dia e 7 dias por semana, a instituição de saúde necessita de cinco a seis enfermeiros, mas por força do regime legal de trabalho precisa de 10 médicos. Consequentemente, cerca de 81% dos participantes reconhece que, em condições normais, o regime legal de trabalho médico tem menor compatibilidade com a organização do trabalho no sector da saúde; cerca de 65% reconhece que o estatuto social do médico é um dos fatores que justifica a existência de um regime legal de trabalho diferente; e cerca de 75% admite que, em face do regime de trabalho dos restantes profissionais, é menos flexível e cria condições de desperdício de recursos.

De facto, decorrem da lei (116) e dos acordos coletivos de trabalho (22) (23) limitações na distribuição da carga horária semanal, no recurso ao trabalho por turnos (cláusulas 34.ª do ACCEM e 35.ª do ACT) e na utilização do regime de prevenção (cláusulas 44.ª do ACCEM e 45.ª do ACT), provocando organização disfuncional e incompatibilidade com o funcionamento dos serviços. Estas limitações geram ainda, particularmente nos hospitais, uma concentração excessiva de médicos no período da manhã e consequente desperdício, por dificultar ou impedir a distribuição e organização do tempo de trabalho nos restantes períodos do dia e ao fim de semana ou feriados.

c) Compatibilidade com o trabalho em equipa
No que reporta ao trabalho em equipa, é de referir que a colaboração interprofissional nos serviços de saúde transformou-se num mecanismo de força em que se destacam inúmeros e relevantes benefícios para os utentes e cuidadores (109). O «trabalho de equipa» é atualmente considerado fundamental para assegurar a intervenção na doença crónica, na multimorbilidade, bem como na constituição e no desenvolvimento de competências para o trabalho multidisciplinar (111) — condição indispensável para garantir a qualidade e a continuidade dos cuidados de saúde que são progressivamente mais exigentes (78).

d) Distribuição geográfica dos médicos
Por último, a assimetria na distribuição de médicos, com uma concentração nas zonas do Porto, de Coimbra e Lisboa, e défice em várias regiões do país, é reconhecida por cerca de 81% dos participantes. Todavia, é de salientar que, por imperativo legal e constitucional, incumbe prioritariamente ao Estado promover e prover: *(i)* «uma racional e eficiente cobertura de todo o país em recursos humanos e unidades de saúde» [alínea *b)*, n.º 3 do artigo 64.º da CRP]; *(ii)* «a igualdade e a não discriminação no acesso a cuidados de saúde de qualidade em tempo útil» (n.º 2, Base 4 da LBS); *(iii)* «uma força de trabalho planeada e organizada de modo a satisfazer as necessidades assistenciais da população, em termos de disponibilidade, acessibilidade, aceitabilidade e qualidade» (n.º 5, Base 22 da LBS).

### 5.5.2. Fatores contextuais

Na análise da transformação da intervenção foram identificados quatro fatores contextuais, potenciais facilitadores ou comprometedores da implementação da intervenção:

a) Jornada de trabalho superior ao limite máximo diário estabelecido.
Há uma prática generalizada de jornadas de 12 ou 24 horas de trabalho consecutivo, em violação clara das leis nacionais e internacionais sobre o limite máximo do trabalho diário. Acrescenta-se ainda que tal

prática implica riscos de segurança na prestação de cuidados e tensão física ou mental significativa para o trabalhador;
Há mais de 100 anos, a primeira Convenção da Organização Internacional do Trabalho (OIT) sobre Horas de Trabalho (Indústria), a Convenção n.º 1 de 1919, fixava um limite máximo de 8 horas de trabalho por dia e 48 horas por semana nas empresas industriais. Trinta anos depois, com a Convenção de 1930 sobre Horas de Trabalho (Comércio e Escritórios), os padrões internacionais passavam a fazer o cálculo da média de horas diárias dentro da semana de 48 horas, permitindo que o limite de 8 horas fosse estendido para 9 horas na indústria e 10 horas no comércio (97). Além disso, este *modus operandi* despreza o teor da Diretiva 2003/88/CE do Parlamento Europeu e do Conselho, de 4 de novembro de 2003, segundo a qual, «o tempo de trabalho normal dos trabalhadores noturnos não deve ultrapassar 8 horas, em média, por cada período de 24 horas» (artigo 8.º).

b) Horário de trabalho semanal superior ao limite máximo estabelecido.
O recurso generalizado a mais de 12 horas de trabalho extraordinário por semana contribui para que sejam ultrapassados os limites de tempo de trabalho semanal fixados nas Convenções da OIT, na legislação nacional e na regulamentação europeia sobre tempo de trabalho.
A Diretiva 2003/88/CE estabelece que «a duração média do trabalho em cada período de 7 dias não deve exceder 48 horas, incluindo as horas extraordinárias» (artigo 6.º). Ora, se às 40 horas semanais de trabalho de cada médico se somar as 12, 18 ou 24 horas extraordinárias praticadas em Portugal, percebe-se a reiterada violação das leis do trabalho com a condescendência de todos os atores, dos decisores políticos e da sociedade.

c) A institucionalização das horas extraordinárias como trabalho programado.
É consensualmente aceite que o recurso a horas extraordinárias deve ter carácter excecional (cerca de 64%). Todavia, verifica-se o uso generalizado das horas extraordinárias como «trabalho programado» para garantir as atividades de urgência interna e externa, entre as vinte e as 8 horas de segunda a sexta-feira, aos sábados, domingos e feriados. A mesma situação se verifica com o apoio médico a algumas atividades

de internamento, como as unidades de cuidados intensivos e as unidades de cuidados intermédios. Cerca de 108 (64,3%) das 168 horas semanais são predominantemente preenchidas com horas extraordinárias.

d) Trabalho em regime de prevenção.
A possibilidade de recurso ao trabalho em regime de prevenção para atividades que não carecem de intervenção imediata, ou que apenas justificam apoio e orientação técnica à distância, é importante para garantir o funcionamento contínuo dos serviços. Contudo, por força dos acordos coletivos de trabalho, este regime de trabalho em Portugal tem carácter excecional e é objeto de acordo escrito entre a entidade empregadora e o médico, podendo este fazer cessar a respetiva prática mediante declaração, a qual produz efeitos a partir de 30 dias da data de apresentação (cláusulas 44.ª do ACCEM e 45.ª do ACT) (22) (23). Ora, esta orientação diverge das tendências europeias em que a regulação do tempo de trabalho em presença física e em prevenção é fixada no contrato. O regime de prevenção é uma prática utilizada em países como a França (79) (85) (92) e o Reino Unido (61) (94) para garantir o funcionamento constante dos serviços de saúde. Outros países, como a Alemanha, além deste regime, têm vários modelos de organização do tempo de trabalho, designadamente «modelos de serviço» e «sistemas de turnos» (93) (88) para assegurar a cobertura médica em diferentes períodos do dia.

### 5.5.3. Contexto pandémico

Estes fatores ganharam maior dimensão na situação de emergência de saúde pública de âmbito internacional, declarada pela Organização Mundial de Saúde no dia 30 de janeiro de 2020, e com a classificação do vírus SARS-CoV-2 como pandemia no dia 11 de março de 2020.

A pandemia de COVID-19 evidenciou a escassez de profissionais de saúde em muitos países, que tiveram necessidade de mobilizar recursos rapidamente, chamando profissionais inativos e aposentados ou mobilizando alunos de Medicina e de Enfermagem nos últimos anos de formação (115). Também em Portugal foi prioritário assegurar condições de reorganização da função logística para responder com a máxima celeridade na disponibilidade de equipamentos, bens e serviços necessários. Em matéria de gestão de recursos humanos foram tomadas medidas como a dispensa de formalidades no processo de contratação de trabalhadores, maior celeridade procedimental nos processos de recrutamento, a aplicação do regime da mobilidade interna a todos os profissionais, o recrutamento de médicos aposentados para prestar trabalho remunerado sem sujeição aos limites de idade, etc. (117) (118) (119).

De acordo com o relatório *Health at a Glance: Europe 2020 State of Health in the EU Cycle*, a força de trabalho em saúde é crucial para atender a população em circunstâncias normais e ainda mais em circunstâncias excecionais, como a pandemia de COVID-19. O acesso aos cuidados de saúde requer um número suficiente de médicos e outros profissionais de saúde, bem como uma distribuição geográfica adequada para assegurar resposta em todo o país (115).

Além disso, a proliferação de casos de contágio de COVID-19 exigiu a aplicação de medidas extraordinárias de carácter transitório e urgente para o reforço da força de trabalho. Indicam-se algumas medidas:

- A suspensão dos limites estabelecidos para a realização de trabalho extraordinário ou suplementar;
- A possibilidade dos serviços de urgência serem assegurados em regime de prevenção por profissionais envolvidos no diagnóstico e resposta laboratorial em situações referentes à epidemia SARS-CoV-2;
- Um modelo remuneratório para realização de trabalho por turnos com recurso a médicos (120).

Gerou-se o consenso de que, em situações excecionais como esta pandemia, são justificadas medidas extraordinárias e transitórias como a suspensão dos limites para a realização de trabalho extraordinário, assim como dos limites máximos de trabalho diário e semanal. Desta forma, a prática de longas jornadas de trabalho consecutivo foi reforçada, ficando dispensada a observância dos limites máximos de 10 horas de trabalho por dia e de 48 horas por semana.

Pode estar próximo um novo consenso sobre o facto de outras medidas adotadas como transitórias poderem ser reavaliadas e ajustadas, com vista à sua vigência após a pandemia. É o caso do trabalho por turnos e do regime de prevenção. Estas modalidades de trabalho já eram adotadas fora do contexto pandémico para todos os profissionais — com exceção do grupo de pessoal médico. Desta forma, a adoção da modalidade de trabalho por turnos e do regime de prevenção, com eventual reavaliação dos respetivos modelos remuneratórios, pode garantir condições de compatibilidade do regime de trabalho médico com o funcionamento contínuo dos serviços de saúde, com o trabalho em equipa e, consequentemente, com a prossecução dos desafios da resiliência do sistema de saúde. Esta pandemia revelou a necessidade de se considerar a resiliência como uma dimensão igualmente importante no desempenho do sistema de saúde de par com a acessibilidade, a eficácia e a qualidade do atendimento (115).

# 6. CONSIDERAÇÕES FINAIS

## 6.1. *Uma política sem programa*

Este trabalho provocou reflexões sobre o *status quo* da organização do tempo de trabalho médico, avaliou fatores contextuais que influenciam a implementação da intervenção e evidenciou uma política de interesse.

Trata-se de uma abordagem inédita de uma política de saúde aparentemente adormecida, mas crucial para melhorar a acessibilidade, a eficácia e a resiliência dos sistemas de saúde. Dizemos adormecida porque, nos países selecionados, o tempo de trabalho médico tem sido uma questão secundária em face de outras consideradas mais importantes e problemáticas no curto prazo, como a reforma dos sistemas de saúde, as remunerações e a evolução da demografia médica, a evolução tecnológica, o crescimento dos custos com a saúde, a crescente expectativa do cidadão, etc.

É igualmente uma abordagem inovadora uma vez que, pela primeira vez, se questiona a compatibilidade do regime de trabalho médico com o funcionamento dos serviços de saúde, o trabalho em equipa e os fatores contextuais determinantes. Ausculta, ainda, o peso relativo do estatuto social do médico em face do interesse geral e universal em garantir um sistema de saúde eficaz, acessível e resiliente.

Reconhecemos, também, que em Portugal, como em qualquer sistema de saúde lá fora, a existência de uma força de trabalho capacitada é determinante. Nesse sentido, em maio de 2022, a ministra da Saúde definiu três «eixos estratégicos — consolidar um sistema de profissões de saúde, promover o desenvolvimento de competências, melhorar os ambientes e o bem-estar no trabalho — para atrair e reter talento» no SNS (121). Significa que, tanto médicos como outros profissionais habilitados com as competências certas, são cruciais para atender às necessidades da saúde em circunstâncias normais e ainda mais em circunstâncias excecionais, como a pandemia.

Acresce que sem prejuízo do trabalho reconhecido de outros profissionais, o acesso aos cuidados de saúde requer um número suficiente de médicos e uma distribuição geográfica adequada. Por outro lado, o sistema de saúde e as suas organizações precisam de se adaptar e evoluir, para que possam responder em situações de maior ou menor procura de cuidados. Para tal, a compatibilidade do regime de trabalho com o funcionamento contínuo dos serviços é indispensável.

Na revisão da literatura, apurou-se que, tanto em França (79) (85) (92) como na Alemanha (93) (88) e no Reino Unido (61) (94), apesar das diferenças subjacentes, a legislação laboral garante condições para a distribuição do horário pelas atividades programadas e de urgência, e tanto o regime de prevenção como o trabalho por turnos são usados para garantir o funcionamento contínuo dos serviços de saúde. A incompatibilidade do regime de trabalho médico com o período de funcionamento dos serviços de saúde é apenas observável em Portugal, nomeadamente pelas limitações estabelecidas na lei e nos acordos coletivos de trabalho sobre a distribuição da carga horária semanal, o trabalho por turnos e o regime de prevenção.

Segundo Gastão Campos, «os médicos, valendo-se da sua força política e corporativa, foram capazes de se organizar para defender sua autonomia e impor aos gestores sua forma de organizar o trabalho» (75). Talvez por esse motivo a organização da atividade médica seja hoje incompatível com o período de funcionamento dos serviços e geradora de dificuldades ao trabalho em equipa. Esta situação cria ineficácia na gestão dos serviços de saúde e obsta a resposta integrada às necessidades da população. Todavia, conforme resulta da descrição da intervenção,[10] podemos encontrar no ordenamento jurídico português as premissas e os pressupostos das políticas de organização do trabalho no sector da saúde, a saber:

[10] Trabalho publicado em Anais IHMT v. 19 (2020), com o título «A política de organização da atividade médica em Portugal». DOI: https://doi.org/10.25761/anaisihmt.

1) Para realizar o «direito à proteção da saúde», incumbe prioritariamente ao Estado definir políticas de saúde que assegurem basicamente duas premissas:
   1.1. «Uma racional e eficiente cobertura de todo o país em recursos humanos e unidades de saúde» [alínea *b)*, n.º 3 do artigo 64.º da CRP];
   1.2. «A igualdade e a não discriminação no acesso a cuidados de saúde de qualidade em tempo útil» (n.º 2, Base 4 da LBS).
2) Como pressupostos, o Estado deve «promover e prover»:
   2.1. «Uma força de trabalho planeada e organizada de modo a satisfazer as necessidades assistenciais da população, em termos de disponibilidade, acessibilidade, aceitabilidade e qualidade» (n.º 5, Base 22 da LBS);
   2.2. «O trabalho em equipa, multidisciplinar e de complementaridade entre os diferentes profissionais de saúde» [alínea *c)*, n.º 2, Base 29 da LBS];
   2.3. «Instrumentos e técnicas de planeamento, gestão e avaliação que garantam que é retirado o maior proveito, socialmente útil, dos recursos públicos» (n.º 4, Base 22 da LBS).

Acrescenta o atual Estatuto do SNS (n.º 4 do artigo 14.º do Decreto-Lei n.º 52/2022 de 4 de agosto) que a política de recursos humanos «é definida pelo membro do Governo responsável pela área da saúde e é baseada num plano plurianual».

Salientamos que, em Portugal, por imperativo constitucional (artigo 64.º), o direito à proteção da saúde é realizado «através de um serviço nacional de saúde (SNS)», incumbindo ao Estado garantir «o acesso de todos os cidadãos» (107). Como consequência, a estrutura de gestão das organizações de saúde deve ser adequada à procura de cuidados, isto é, o funcionamento e a organização interna dos serviços devem basear-se em modelos que privilegiam «[a] gestão descentralizada e participada» (n.º 4 do artigo 64.º CRP) (107). Por conseguinte, a política de saúde, necessariamente de âmbito nacional e transversal, deve ser «dinâmica e evolutiva, adaptando-se ao progresso do conhecimento científico e às necessidades, contextos e recursos da realidade nacional, regional e local» (Base 4, n.º 1, LBS) (34).

Com base numa força de trabalho planeada e organizada, para satisfazer as necessidades assistenciais da população, a política de saúde deve promover (Base 4 LBS) (34):

- As pessoas, como elemento central na conceção, organização e funcionamento de estabelecimentos, serviços e respostas de saúde;
- A garantia da equidade na distribuição de recursos e na utilização de serviços (...);
- A gestão dos recursos disponíveis segundo critérios de efetividade, eficiência e qualidade;
- O desenvolvimento do planeamento e a institucionalização da avaliação em saúde como instrumentos promotores de uma cultura de transparência das escolhas e de prestação de contas.

Assim, para a organização da atividade médica, como para qualquer outra política de saúde, parece de necessidade absoluta a existência de um programa devidamente estruturado, com uma definição clara dos objetivos gerais e específicos, bem como das metas, que devem igualmente ser específicas, viáveis, mensuráveis e localizadas no tempo e espaço. Porém, apesar do enquadramento jurídico substancial, comprovamos que esta intervenção não dispõe de um documento estruturado que identifique com clareza os objetivos e os resultados esperados.

## 6.2. *Um sistema (des)estruturado*

Como verificámos, um sistema de saúde com objetivos de universalidade deve sustentar-se numa força de trabalho flexível, com modalidades de horário de trabalho capazes de garantir o funcionamento permanente dos serviços e o trabalho em equipa. Colocar o doente no centro do sistema continua a ser um desiderato que justifica o axioma de Adrian Davis, segundo o qual «as organizações não existem para se servir dos seus clientes, mas antes para os servir» (122). Esta premissa é incontestável na conceção das políticas de organização do trabalho.

Segundo Silva e Hartz (37), o sistema de saúde envolve a coordenação das ações de promoção, prevenção e cura desenvolvidas pelos agentes individualmente; dos serviços como conjunto de ações em que diversos agentes se articulam para desenvolver atividades; e dos estabelecimentos ou unidades de saúde. Garantir o acesso equitativo a serviços de qualidade e em tempo útil no campo da saúde é uma tarefa muito complexa, devido ao desenvolvimento das tecnologias, ao incremento dos custos, ao envelhecimento da população e às expectativas crescentes do cidadão.

Neste nível de realidade, portanto, há consenso quanto aos princípios organizadores do sistema e aos três desafios – acessibilidade, eficácia e resiliência. Todavia, são muitas as divergências quanto ao modo de os prosseguir. Segundo Contandriopoulos (38), essa falta de consenso decorre da complexidade do sistema de saúde, em que intervêm «quatro grupos de atores com lógicas e valores diversos: profissionais, administradores, mundo mercantil e mundo político.» Estas quatro lógicas coexistem, não são redutíveis umas às outras, e não se pode esperar que os resultados da avaliação que correspondem às expectativas de uns sejam compatíveis com as expectativas dos outros.

Por outro lado, também é consensual que um sistema de saúde que se propõe ser eficaz, deve basear-se, tanto quanto possível, numa política de organização da atividade assistencial segundo três níveis de atuação:

- Um planeamento da força de trabalho e demais recursos para garantir a acessibilidade aos serviços de saúde;
- Uma prática de gestão efetiva desses recursos;
- Uma monitorização das práticas de gestão.

Os resultados deste trabalho podem contribuir para uma reestruturação da organização do trabalho médico, mas não apresentam a solução para todos os problemas que frequentemente ocorrem no complexo sistema de saúde. Contudo, é de referir que, no âmbito do estudo de avaliabilidade (EA) (123), foi possível obter um entendimento prévio com os participantes sobre a intervenção e a sua descrição (58). Foi também possível demonstrar que esta intervenção pode ser avaliada e que o seu reconhecido potencial pode contribuir para a sua melhoria. Provada a exequibilidade e utilidade, na análise de implementação concretizou-se a avaliação com o objetivo de apreciar o mérito da intervenção e fornecer apreciações sobre os seus resultados (112).

Acresce que, em observância do princípio constitucional da «gestão descentralizada e participada» (n.º 4 do artigo 64.º CRP) (107), o sistema de saúde português ganharia com a criação de uma entidade com poderes de direção e supervisão, representativa dos quatro principais grupos de atores — os profissionais, os gestores, os utentes/doentes e os decisores políticos. Esta entidade poderia resultar da reestruturação da atual Administração Central do Sistema de Saúde e seria responsável por estudar modelos de organização dos recursos em face das necessidades assistenciais, podendo dispor de competências como:

- Estudar e emitir diretrizes sobre a organização da atividade assistencial como instrumento orientador e de apoio às unidades de saúde;
- Elaborar normas e instrumentos de gestão da força de trabalho considerando contextos e recursos da realidade nacional, regional e local;
- Monitorizar a efetividade e qualidade da prestação de cuidados de saúde.

Os objetivos desta entidade estariam especialmente dirigidos à produção de orientações sobre a promoção da acessibilidade, da eficácia e da resiliência do sistema de saúde, a sua monitorização, bem como a adoção de boas práticas de gestão.

## 6.3. *Conclusões*

De acordo com Suchman (113), reconhecem-se dois tipos de razões que podem explicar o fracasso da organização da atividade médica em Portugal: por um lado, as atividades previstas que não foram implementadas ou foram parcialmente implementadas (fracasso de implementação); e por outro, que não trouxeram os efeitos desejados (fracasso da teoria).

Sendo o papel do médico insubstituível, a organização da atividade médica constitui o grande dilema desta política de saúde, basilar para o funcionamento dos serviços e para a garantia de cuidados de saúde disponíveis e acessíveis.

Todavia, tem-se apresentado como uma questão secundarizada em face de outras consideradas mais importantes e problemáticas.

Este trabalho insurge-se, questiona e evidencia, pela primeira vez, a necessidade de analisar e transformar alguns aspetos e fatores contextuais determinantes da política de organização da atividade médica em Portugal, como:

1) A definição e implementação de um plano de recursos humanos com monitorização da capacidade formativa, do acesso à formação médica, do *numerus clausus* e das vagas para as especialidades;
2) A definição de um regime de trabalho médico compatível com o funcionamento contínuo dos serviços, só possível com alteração legislativa e dos acordos coletivos de trabalho;
3) A promoção da cultura do trabalho em equipa para a cooperação entre os profissionais e o desenvolvimento de competências para o trabalho multidisciplinar;
4) A obrigação de garantir uma adequada distribuição geográfica dos profissionais de saúde — médicos incluídos — para responder às necessidades de cuidados em termos de disponibilidade e acessibilidade;
5) A adoção de medidas que alterem a prática generalizada de longas jornadas de trabalho diário de 12 ou 24 horas, em violação clara das leis nacionais e internacionais sobre o limite máximo do trabalho diário, com riscos de segurança na prestação de cuidados, bem como danos de ordem física e/ou mental para o trabalhador;
6) A adoção de medidas de controlo da carga horária semanal praticada, generalizadamente superior ao limite máximo fixado nas Convenções da OIT, na regulamentação europeia sobre tempo de trabalho e na própria legislação nacional, potenciando riscos de segurança para o trabalhador e para os doentes.
7) A limitação do recurso a horas extraordinárias dos médicos, que deixou de ter carácter excecional para ser uma prática habitual com trabalho programado para assegurar o funcionamento dos serviços;
8) A alteração dos acordos coletivos de trabalho para aproveitamento do trabalho em regime de prevenção para atividades que não carecem de intervenção imediata ou que apenas justificam apoio e orientação

técnica à distância, como instrumento para assegurar o funcionamento contínuo dos serviços.

A implementação desta política apresenta inúmeros obstáculos atravessados por múltiplos interesses e atores, considerados determinantes para o sucesso ou o insucesso, razão pela qual não pode cingir-se a uma diretiva com o pressuposto de que a decisão da autoridade pode ser automaticamente cumprida. Além do consenso sobre o problema e as suas causas, é primordial o estabelecimento de objetivos claros e consistentes no programa da intervenção. Sendo o regime de trabalho médico objeto de negociações sindicais complexas, qualquer abordagem sobre esta matéria exigirá uma análise profunda, podendo implicar uma nova perspetiva do regime remuneratório que, para ser sustentável, deve incluir um estudo de custo-efetividade para apuramento dos custos atuais e projeções dos novos encargos.

A identificação e descrição do problema, bem como a análise da intervenção e do contexto, permitiram verificar potencialidades para estruturar um programa, assim como reconhecer fatores contextuais potencialmente facilitadores e comprometedores da implementação da política de organização da atividade médica.

Contudo, apenas a interpretação e discussão dos dados com os principais interessados, nomeadamente os decisores políticos e os representantes dos profissionais, permitirá criar condições de sucesso.

Este trabalho de avaliação em saúde envolveu a disseminação dos resultados assegurando a sua partilha e das conclusões com os participantes. Entretanto, propomo-nos alcançar um público mais alargado por forma a possibilitar uma maior divulgação junto dos principais interessados, como os decisores políticos, os médicos e os gestores.

Nesse sentido, para garantir a utilidade e a credibilidade desta avaliação da política de organização da atividade médica, a tripla finalidade foi alcançada com a clarificação do uso possível e esperado dos resultados:

- Por um lado, identificaram-se os componentes do planeamento e da organização do trabalho médico que podem contribuir para beneficiar o acesso aos cuidados de saúde e para fornecer informação para melhorar a política na sua decorrência (objetivo formativo);

- Por outro, reforça-se o saber sobre o planeamento da atividade médica para contribuir para o avanço do conhecimento empírico e teórico sobre a política, assim como para a construção e validação de normas que garantam a melhoria da acessibilidade e eficácia dos sistemas de saúde (objetivo fundamental);
- Por último, fornece-se evidência aos atores do sector da saúde para melhorar a intervenção e determinar os efeitos para decidir se deve ser mantida, transformada ou interrompida (objetivo sumativo).

# 7. REFERÊNCIAS BIBLIOGRÁFICAS


1. OECD, European Observatory on Health Systems and Policies. *Portugal: Country Health Profile 2019* [Internet]. OECD; 2019 [citado 1 de maio de 2020]. (State of Health in the EU). Disponível em: https://www.oecd-ilibrary.org/social-issues-migration-health/portugal-country-health-profile-2019_85ed94fc-en
2. OECD, European Observatory on Health Systems and Policies. *France: Country Health Profile 2019* [Internet]. OECD; 2019 [citado 29 de abril de 2020]. (State of Health in the EU). Disponível em: https://www.oecd-ilibrary.org/social-issues-migration-health/france-country-health-profile-2019_d74dbbda-en
3. Gaspar, S., Moreno, C., Menna-Barreto, L. *Os plantões médicos, o sono e a ritmicidade biológica* [Internet]. 1998 [citado 27 de julho de 2019]. Disponível em: http://www.scielo.br/scielo.php?pid=S0104-42301998000300013&script=sci_arttext
4. Grzona, M. E. Tesis de Maestría en Gerenciamiento de Sistemas y Servicios de Salud, Producción y Rendimiento en un Hospital Pediátrico. Universidad del Aconcagua; 2001.
5. Buffa, C., Cárpena, C., Pradere, G., Yapor, M. *Os Recursos Humanos em Saúde dez anos após a reforma sanitária no Uruguai.* Divulgação em Saúde para Debate, Rio de Janeiro, ISSN 0103-4383. novembro de 2017;(57):89–103.
6. Borja-Santos, R. Demissões em bloco na Saúde após morte de jovem no Hospital de São José. *Jornal Público* [Internet]. 22 de dezembro de 2015; Disponível em: https://www.publico.pt/2015/12/22/sociedade/noticia/administradores-do-hospital-de-sao-jose--demitemse-apos-morte-de-jovem-por-falta-de-assistencia-1718249
7. Campos, A. Para evitar que médicos «adormeçam» nas urgências, Ordem quer fim de turnos de 24 horas | Médicos | *PÚBLICO* [Internet]. 2016 [citado 24 de novembro de 2019]. Disponível em: https://www.publico.pt/2016/08/11/sociedade/noticia/ordem--dos-medicos-exige-fim-definitivo-de-turnos-de-24-horas-nas-urgencias-1741002
8. Teixeira, F. Urgência pediátrica do Garcia de Orta encerra esta noite por falta de médicos | Saúde | *PÚBLICO* [Internet]. 2019 [citado 23 de outubro de 2019]. Disponível em: https://www.publico.pt/2019/10/12/sociedade/noticia/urgencia-pediatrica-garcia-orta-encerra-noite-falta-medicos-1889793

9. Pires, C. Urgências pediátricas do Hospital Garcia de Orta: «Se necessário, que se faça uma requisição civil». *Diário de Notícias* [Internet]. 2019 [citado 24 de novembro de 2019]. Disponível em: https://www.dn.pt/vida-e-futuro/urgencias-pediatricas-do-hospital-garcia-de-orta-se-necessario-que-se-faca-uma-requisicao-civil-11449099.html
10. Gaudêncio, R. Chefes de cirurgia de Faro recusam fazer urgências a partir de Janeiro. *PÚBLICO* [Internet]. 2019; Disponível em: https://www.publico.pt/2019/12/05/sociedade/noticia/chefes-cirurgia-faro-recusam-urgencias-partir-janeiro-1896351
11. Tribuna, M. Depois do diretor clínico, 87 médicos demitem-se do hospital de Setúbal. *Expresso* [Internet]. 6 de outubro de 2021; Disponível em: https://expresso.pt/sociedade/2021-10-06-Depois-do-diretor-clinico-87-medicos-demitem-se-do-hospital-de-Setubal-ccad8182
12. Agência LUSA. Ordem dos Médicos do Centro condena fecho temporário das urgências do Hospital de Leiria. *PÚBLICO* [Internet]. 12 de outubro de 2021; Disponível em: https://www.publico.pt/2021/10/12/sociedade/noticia/ordem-medicos-centro-condena-fecho-temporario-urgencias-hospital-leiria-1980864
13. Duarte, J. C. Todos os chefes de equipa de urgência do hospital de Santa Maria anunciam demissão. *Observador* [Internet]. 10 de novembro de 2021; Disponível em: https://observador.pt/2021/11/10/demitem-se-em-bloco-todos-os-chefes-de-equipa-de-urgencia-do-hospital-de-santa-maria/
14. Lusa, A. Chefes de equipa de urgência do Centro Hospitalar Póvoa de Varzim – Vila do Conde apresentaram, na sexta-feira, a demissão por «grave carência de recursos humanos médicos» neste serviço. *Expresso* [Internet]. 25 de dezembro de 2021; Disponível em: https://expresso.pt/sociedade/2021-12-25-Hospital-e-chefes-de-equipa-de-urgencia-demissionarios-vao-reunir-se-na-2-feira-3cef7807
15. Ascensão, J. Falta de médicos encerra urgências de obstetrícia de hospitais de Lisboa. *Expresso*. 10 de junho de 2022; Disponível em: https://expresso.pt/sociedade/2022-06-10-Falta-de-medicos-encerra-urgencias-de-obstetricia-de-hospitais-de-Lisboa-b6ec162e
16. OECD iLibrary. *Health at a Glance 2017 | Doctors* (overall number) [Internet]. 2017 [citado 2 de novembro de 2019]. Disponível em: https://www.oecd-ilibrary.org/social-issues-migration-health/health-at-a-glance-2017/doctors-overall-number_health_glance-2017-52-en
17. OCDE. H*ealth at a Glance 2019: OECD Indicators*. OECD Publishing, Paris [Internet]. 2019. Disponível em: https://doi.org/10.1787/4dd50c09-en
18. Powerhouse. *Euro Health Consumer Index – EHCI 2018 Report* [Internet]. 2018. Disponível em: https://healthpowerhouse.com/media/EHCI-2018/EHCI-2018-report.pdf
19. Correia, T., Gomes, I. G. D., Gomes, I., Temido, M., Nunes, P. Recursos Humanos na Saúde: o que se sabe e o que falta saber. Em: *Meio caminho andado – Relatório Primavera 2018*. Observatório Português dos Sistemas de Saúde. Lisboa; 2019. pp. 68–99.
20. Delgado, M. A permanente falta de médicos: Verdade ou consequência? *Visão* [Internet]. 11 de outubro de 2021; Disponível em: https://visao.sapo.pt/opiniao/ponto-de-vista/2021-10-11-a-permanente-falta-de-medicos-verdade-ou-consequencia/?utm_campaign=news_AnteCOVID_5_08_21&utm_source=e-goi&utm_medium=email

21. Kotowicz, A. Internato médico fica com vagas por preencher. A nova geração de médicos «não quer ser escravizada» no SNS. *Observador* [Internet]. 19dez2021; Disponível em: https://observador.pt/especiais/internato-medico-fica-com-vagas-por-preencher-a-nova-geracao-de-medicos-nao-quer-ser-escravizada-no-sns/
22. Portugal. Min. Finanças – DGAEP. *Carreira especial médica – Acordo Coletivo de Trabalho 2/2009 – Alteração e republicação* [Internet]. Aviso n.º 12509/2015, Diário da República, 2.ª série, n.º 210; 2015. Disponível em: https://dre.pt/home/-/dre/70819819/details/maximized
23. Portugal. *C. Hospitalar Coimbra e outros.* BTE n.º 41, vol. 76 – ACT2009, Acordo Coletivo de Trabalho, carreira médica [Internet]. 2009. Disponível em: http://bte.gep.msess.gov.pt/completos/2009/bte41_2009.pdf
24. Champagne, F., Brousselle, A., Contandriopoulos, A. P., Hartz, Z. A Análise Estratégica. Em: *Avaliação: conceitos e métodos.* Rio de Janeiro: Editora FIOCRUZ; 2016. pp. 95–104.
25. European Commission. *Comunicação sobre Sistemas de Saúde eficazes, acessíveis e resilientes* COM (2014) 215 final [Internet]. 2014. Disponível em: https://ec.europa.eu/transparency/regdoc/rep/1/2014/PT/1-2014-215-PT-F1-1.PDF
26. European Commission, Directorate-General for Health and Food Safety. *State of health in the EU: companion report 2017.* [Internet]. 2017 [citado 17 de maio de 2020]. Disponível em: http://dx.publications.europa.eu/10.2875/684855
27. Contandriopoulos, A. P., Champagne, F., Denis, J. L., Pineault, R. Avaliação na área da saúde: conceitos e métodos. Em: Hartz, Z. (org.) *Avaliação em Saúde: dos modelos conceituais à prática na análise da implantação de programas.* Rio de Janeiro: Fundação Oswaldo Cruz (FIOCRUZ); 1997. pp. 29–48.
28. Dussault, G., Dubois, C. A. *Human resources for health policies: a critical component in health policies.* Human Resources for Health 2003, I:I licensee BioMed Central Ltd [Internet]. 2003; Disponível em: http://www.human-resources-health.com/content/1/1/1
29. Siegrist, J., Shackelton, R., Link, C., Marceou, L., Knesebeck, O. von den, McKinlay, J. Work stress of primary care physicians in the US, UK and German health care systems. *Social Science & Medicine* 71 (2010) 298–304. 2010;
30. Lapão, L. V., Dussault, G. From policy to reality: clinical managers' views of the organizational challenges of primary care reform in Portugal. *International Journal of Health Planning and Management.* 2012;
31. Johnston, A., Abraham, L., Greenslade, J., Thom, O., Carlstrom, E., Wallis, M. *et al.* Review article: Staff perception of the emergency department working environment: Integrative review of the literature. *Emergency Medicine Australasia* (2016) 28, 7–26. 2016;
32. Domagala, A., Bała, M. M., Storman, D., Peña-Sánchez, J. N., Swierz, M. J., Kaczmarczyk, M. *et al.* Factors Associated with Satisfaction of Hospital Physicians: A Systematic Review on European Data. *Int J Environ Res Public Health* 2018, 15, 2546. 2018;
33. Ferreira, M., Lopes, A., Guimarães, M., Barros, H. A Carreira Médica e os Fatores Determinantes da Saída do Serviço Nacional de Saúde. *Acta Médica Portuguesa.* 2018;[Sep;31(9)]:483–8.
34. Portugal. Assembleia da República. Lei de Bases de Saúde. Lei n.º 95/2019, *Diário da República* n.º 169/2019, Série I de 4 de setembro [Internet]. 2019. Disponível em: https://data.dre.pt/eli/lei/95/2019/09/04/p/dre

35. Crozier, M., Friedberg, E. L'Acteur et le Systéme (1967). Citado em: Champagne *et al.* (2016). A Análise da Implantação. Em *Avaliação: Conceitos e métodos* (pp. 217 a 238). Editora FIOCRUZ. Paris: Seuil; 1977. 225 p.
36. Champagne, F., Brousselle, A., Hartz, Z., Contadriopoulos, A. P. e Denis, J. L. A Análise da Implantação. Em: *Avaliação: conceitos e métodos.* Brasil: Editora Fiocruz; 2016. p. 217 a 238.
37. Hartz, Z., Silva, L. M. V. da. *Avaliação em saúde: dos modelos teóricos à prática na avaliação de programas e sistemas de saúde* [Internet]. Editora FIOCRUZ; 2005 [citado 21 de junho de 2020]. Disponível em: http://books.scielo.org/id/xzdnf
38. Contandriopoulos, A. P. Avaliar a Avaliação. Em: *Avaliação: conceitos e métodos.* Brasil: Editora Fiocruz; 2016. pp. 263 a 272.
39. United Nations General Assembly. A/67/L.36. Agenda item 123: global health and foreign policy. In: *General Assembly of the United Nations* [Internet]. Sixty-seventh United Nations General Assembly [Internet]. 2012. Disponível em: https://www.un.org/ga/search/viewm_doc.asp?symbol=A/67/L.36
40. WHO WHA. *Global Strategy on Human Resources for Health: Workforce 2030* (WHA67.24) [Internet]. 2014 [citado 22 de novembro de 2019]. Disponível em: https://www.who.int/hrh/resources/globstrathrh-2030/en/
41. ONU. *Objetivos de Desenvolvimento Sustentável – Agenda 2030* [Internet]. 2015. Disponível em: https://nacoesunidas.org/pos2015/
42. EUR-Lex. *Conclusões do Conselho Europeu sobre Rumo a sistemas de saúde modernos, reativos e sustentáveis* (2011/C 202/04) [Internet]. 2011 [citado 27 de julho de 2019]. Disponível em: https://eur-lex.europa.eu/legal-content/PT/TXT/?uri=uriserv:OJ.C_.2011.202.01.0010.01.POR&toc=OJ:C:2011:202:FULL
43. European Union. *Regulamento (UE) n.º 282/2014 do Parlamento Europeu e do Conselho,* de 11 de março de 2014, que estabelece um terceiro programa de ação da União no domínio da saúde (2014–2020) e revoga a Decisão n.º 1350/2007/CE [Internet]. 2014. Disponível em: http://data.europa.eu/eli/reg/2014/282/oj
44. European Commission. *Apresentação* | Saúde pública | Profissionais da Saúde | Site [Internet]. 2019 [citado 28 de agosto de 2019]. Disponível em: https://ec.europa.eu/health/workforce/overview_pt
45. Portugal. Ministérios das Finanças A. P. e da Saúde. Despacho Conjunto n.º 10823/2010, criou o Grupo Técnico para a reforma da organização interna dos hospitais [Internet]. *Diário da República*, 2.ª série, n.º 126; 2010. Disponível em: https://dre.pt/web/guest/pesquisa-avancada/-/asearch/1451316/details/2/normal?serie=II&search=Pesquisar&ano=2010&perPage=100&types=DR&_advancedPublicSearch_WAR_drefrontofficeportlet_dreId=700829
46. Portugal, Ministério da Saúde. *A Organização Interna e a Governação dos Hospitais – Grupo Técnico para a Reforma da Organização Interna dos Hospitais.* Lisboa: Secretaria-Geral MS; 2011. pp. 44–46
47. Yin, R. K. *Case Study Research – Design and Methods.* 3rd Edition. California: Sage Publications; 2003.
48. Denzin, N. K. *The Research Act* (3rd ed.). Englewood Cliffs, NJ: Prentice Hall; 1989.

49. Champagne, F., Contandriopoulos, A. P., Brousselle, A., Hartz, Z., Denis, J. L. A Avaliação no Campo da Saúde: conceitos e métodos. Em: *Avaliação: conceitos e métodos.* Rio de Janeiro: Editora FIOCRUZ; 2016. pp. 41–60.
50. Worthen, R. B., Sanders, J. R., Fitzpatrick, J. L. Definição de limites e análise do contexto da Avaliação. Em: *Avaliação de Programas: concepções e práticas.* São Paulo: Gente; 2004. pp. 301–5.
51. Brousselle, A., Champagne, F., Contandriopoulos, A.P., Hartz, Z. *Avaliação: conceitos e métodos.* Rio de Janeiro: Editora Fiocruz; 2011.
52. Nagae, C. Y. *Amostragem intencional.* [Internet] [Mestrado em Estatística]. [São Paulo]: Universidade de São Paulo; 2007 [citado 1 de julho de 2021]. Disponível em: http://www.teses.usp.br/teses/disponiveis/45/45133/tde-06122007-205037/
53. Souza, L., Silva, L., Hartz, Z. Conferência de consenso sobre a imagem-objetivo da descentralização da atenção à saúde no Brasil. In: Hartz, Z., e Silva, L. M. V. (orgs.) *Avaliação em saúde: dos modelos teóricos à prática na avaliação de programas e sistemas de saúde.* [Internet]. Salvador: EDUFBA; Rio de Janeiro: Editora FIOCRUZ; 2005 [citado 26 de janeiro de 2021]. pp. 65-102. Disponível em: http://books.scielo.org/id/xzdnf/epub/hartz-9788575415160.epub
54. Champagne, F., Brousselle, A., Hartz, Z., Contandriopoulos, A. P. Modelizar as Intervenções. Em: *Avaliação: conceitos e métodos.* Rio de Janeiro: Editora FIOCRUZ; 2016. pp. 61–74.
55. Bardin, L. *Análise de conteúdo.* Tradução de Luís Antero Reta e Augusto Pinheiro. Lisboa: Edições 70; 2000.
56. Rother, E. T. *Revisão Sistemática X Revisão Narrativa.* Acta Paulista de Enfermagem. 2007;20(2):vi.
57. Fundación W. K. Kellogg. *Guía de Desarrollo de Modelos Lógicos* [Internet]. One East Michigan Avenue East, Battle Creek, Michigan 49017–4058, www.wkkf.org; 2001. Disponível em: https://docplayer.es/6078915-Fundacion-w-k-kellogg-guia-de-desarrollo-de-modelos-logicos.html
58. Bernardino, M. *A política de organização da atividade médica em Portugal.* Anais do Instituto de Higiene e Medicina Tropical. 21 de outubro de 2020; pp. 71–78.
59. Fellows, J., Edwards, M. *User Guidelines on Qualitative Methods in Health Workforce Planning and Forecasting* [Internet]. 2014. Disponível em: www.euhwforce.eu and www.cfwi.org.uk
60. International Labour Office – Geneva. *Guide to developing balanced working time arrangements* [Internet]. 2019. Disponível em: https://www.ilo.org/Search5/search.do?sitelang=en&locale=en_EN&consumercode=ILOHQ_STELLENT_PUBLIC&searchWhat=Guide+to+developing+balanced+working+time+arrangements&searchLanguage=en
61. Dominique, A., Karlsson, M. *Overtime work: A review of literature and initial empirical analysis* [Internet]. 2019. Disponível em: https://www.ilo.org/travail/whatwedo/publications/WCMS_663072/lang--en/index.htm
62. European Commission. COM (2010) 802 final, *Relatório da Comissão ao Parlamento Europeu, ao Conselho, ao Comité Económico e Social Europeu e ao Comité das Regiões, sobre a aplicação pelos Estados-Membros da Directiva 2003/88/CE, 21 de dezembro de 2010.* [Internet].

2010. Disponível em: https://eur-lex.europa.eu/legal-content/PT/TXT/PDF/?uri=CELEX:52010DC0802&from=PT

63. European Commission. *Relatório da Comissão ao Parlamento Europeu, ao Conselho e ao Comité Económico e Social Europeu: Relatório sobre a aplicação, nos Estados-Membros, da Diretiva 2003/88/EC relativa a determinados aspetos da organização do tempo de trabalho.* [SWD(2017) 204 final] [Internet]. 2017. Disponível em: https://eur-lex.europa.eu/legal-content/PT/TXT/?uri=CELEX:52017DC0254#document1
64. International Labour Office, Sectoral Policies Department, Geneva, ILO. *Improving Employment and Working Conditions in Health Services:* Report for discussion at the Tripartite Meeting on Improving Employment and Working Conditions in Health Services, Geneva, 24–28 April 2017 [Internet]. 2017. Disponível em: https://www.ilo.org/sector/activities/sectoral-meetings/WCMS_548288/lang--en/index.htm
65. International Labour Office – Geneva. *Working time in the twenty-first century* – Report for discussion at the Tripartite Meeting of Experts on Working-time Arrangements [Internet]. 2011. Disponível em: https://www.ilo.org/Search5/search.do?searchLanguage=en&searchWhat=Working+time+in+the+twenty-first+century
66. European Court of Justice. Case C–151/02, September 9, Landeshauptsadt Kiel v. Norbert Jaeger. 2003a.
67. European Court of Justice. Case C–303/98, October 3, Sindicato de Medicos de Asistencia Publica (SiMAP) v. Conselleria de Sanidad y Consumo de la Generalidad Valenciana. 2003b.
68. European Court of Justice. Case C–397/01 à C–403/01, October 5, Bernhard Pfeiffer *et al.* v. Deutsches Rotes Kreuz, Kreisverband Waldshut. 2004.
69. European Court of Justice. Case C–14/04, December 1, Abdelkader Dellas *et al.* v. Prime Minister and Minister of Social Affairs, Labor and Solidarity. 2005.
70. Fabrellas, A., Parra, M. *Working time and flexibility – Conclusions* [Internet]. 2016. Disponível em: https://www.raco.cat/index.php/IUSLabor/article/viewFile/307070/397049
71. European Commission. Comunicação da Comissão ao Parlamento Europeu, ao Conselho, ao Comité Económico e Social Europeu e ao Comité das Regiões – *Revisão da Directiva «Tempo de Trabalho»* (Segunda fase da consulta dos parceiros sociais ao nível europeu ao abrigo do artigo 154.º do TFUE) [Internet]. 2010. Disponível em: https://eur-lex.europa.eu/legal-content/PT/TXT/?qid=1588749498999&uri=CELEX:52010DC0801
72. ALERT LSC SA. *Os médicos deveriam trabalhar turnos de 24 horas?* | ALERT® ONLINE – PT [Internet]. 2017 [citado 24 de novembro de 2019]. Disponível em: http://www.alert-online.com/pt/news/health-portal/os-medicos-deveriam-trabalhar-turnos-de-24-horas
73. Mission nationale coordonnée par Danielle TOUPILLIER. *Exercice Medical a l'Hopital* [Internet]. 2011 set. Disponível em: https://www.cng.sante.fr/sites/default/files/Fichiers/Statistiques,%20%C3%A9tudes%20et%20publications/Rapport_Final_exercice_medical.pdf
74. Clavier, C., Hassenteufel, P., Moreno Fuentes, J. F. e François-Xavier Schweyer, C. Les limites de la convergence du temps de travail des médecins hospitaliers en Europe (Allemagne, Danemark, Espagne, Lituanie, Royaume-Uni). *Revue française des affaires sociales.* 2011;(2–3):226–51.

75. Campos, G. W. de S. Cogestão e neoartesanato: elementos conceituais para repensar o trabalho em saúde combinando responsabilidade e autonomia. *Ciência & Saúde Coletiva.* 2010;(15(5), 7).

76. Terra, L. *O militante, o sacerdote, o missionário e o tecnoburocrata : uma investigação participativa acerca de modalidades do trabalho médico alienado na Atenção Primária do SUS* Campinas [Internet]. [Campinas, Brasil]; 2017. Disponível em: http://repositorio.unicamp.br/jspui/handle/REPOSIP/322795

77. Silva, A. C. da. *Gênero e práticas profissionais em um corredor hospitalar de alta complexidade em Maceió/AL* [Internet]. [Brasil]: Universidade Federal de Alagoas; 2013. Disponível em: http://www.repositorio.ufal.br/handle/riufal/3532

78. Vauchel, V. *Gérer et organiser différemment le temps de travail médical. L'exemple des anesthésistes à l'Hôpital Universitaire Necker-Enfents malades* [Internet]. École des Hautes Études en Santé Publique; 2014. Disponível em: https://documentation.ehesp.fr/memoires/2014/edh/vauchel.pdf

79. Besset, J. F. *La gestion du temps de travail médical: vers une contractualisation avec les pôles?* [Internet]. École des Hautes Études en Santé Publique; 2015. Disponível em: https://documentation.ehesp.fr/memoires/2015/dh/besset.pdf

80. Sanchez, D. *Le temps de travail des urgentistes: une révolution culturelle aux impacts organisationnels et financiers majeurs.* École des Hautes Études en Santé Publique; 2015.

81. Messenger, Jon C. & Vidal, Patricia. *The organization of working time and its effects in the health services sector : a comparative analysis of Brazil, South Africa and the Republic of Korea* [Internet]. ILO Working Papers 994869453402676, International Labour Organization; 2015. Disponível em: http://www.ilo.org/public/libdoc/ilo/2015/486945.pdf

82. Simões, J., Augusto, G. F., Fronteira, I., Hernández-Quevedo, C. stems i. Portugal: Health system review. *Health Systems in Transition,* 2017; 19(2):1–184. [Internet]. Disponível em: http://www.euro.who.int/__data/assets/pdf_file/0007/337471/HiT-Portugal.pdf?ua=1

83. Ramos, P., Paiva, J. A. Dedication increases productivity: an analysis of the implementation of a dedicated medical team in the emergency department. *Int J Emerg Med.* dezembro de 2017;10(1):8.

84. Chevreul, K., Berg Brigham, K., Durand-Zaleski, I., Hernández-Quevedo, C. France: Health system review. *Health Systems in Transition,* 2015; 17(3): 1–218. [Internet]. Disponível em: http://www.euro.who.int/__data/assets/pdf_file/0011/297938/France-HiT.pdf?ua=1

85. Casamayou, L. *La maison médicale de garde de Langon: son fonctionnement et ses participants, une réponse à la permanence des soins. Autour de deux enquêtes: quantitative observationnelle et qualitative à partir d'entretiens.* [Internet]. 2014. Disponível em: https://www.semanticscholar.org/paper/La-maison-m%C3%A9dicale-de-garde-de-Langon-%3A-son-et-ses-Casamayou/4b25371b0afba91ef64f6cd7603bf26c2ebafc3c

86. OECD, European Observatory on Health Systems and Policies. *Germany: Country Health Profile 2019* [Internet]. OECD; 2019 [citado 30 de abril de 2020]. (State of Health in the EU). Disponível em: https://www.oecd-ilibrary.org/social-issues-migration-health/germany-country-health-profile-2019_36e21650-en

87. Busse, R., Blümel, M. Germany: health system review. *Health Systems in Transition*, 2014, 16(2):1–296. [Internet]. Disponível em: http://www.euro.who.int/__data/assets/pdf_file/0008/255932/HiT-Germany.pdf?ua=1
88. Maschmann, J., Holderried, M., Blumenstock, G., Bamberg, M., Rieger, M., Wallwiener D. *et al.* Impact of New Shift Models for Doctors Working at a German University Hospital for Gynaecology and Obstetrics Four Years After Implementation. Can They Meet the European Working Time Directive Without Increasing Costs? *Geburtsh Frauenheilk.* 29 de julho de 2013;73(07):713–9.
89. Cylus, J., Richardson, E., Findley, L., Longley, M., O'Neill, C., Steel, D. United Kingdom: Health System Review. *Health Syst Transit.* 2015;17(5):1–126.
90. OECD. *United Kingdom: Country Health Profile 2019* [Internet]. OECD; 2019 [citado 30 de abril de 2020]. (State of Health in the EU). Disponível em: https://www.oecd-ilibrary.org/social-issues-migration-health/united-kingdom-country-health-profile-2019_744df2e3-en
91. House, J. Calling time on doctors' working hours. *The Lancet.* junho de 2009;373(9680):2011–2.
92. HOPITALEX – France. *Especificidades da participação na Permanence Des Soins* [Internet]. 2019. Disponível em: https://www.hopitalex.com/doc/obligations-ph-temps-matiere--temps-travail-astreintes.html
93. STEIGBÜGEL – *Deutschland. Base de dados para carreiras médicas – Alemanha* [Internet]. 2019. Disponível em: https://www.amboss.com/de/steigbuegel
94. BMA – British Medical Association (UK). *Contracts – Our model contracts, terms and conditions, FAQs and guides will help you understand your contract.* [Internet]. 2020. Disponível em: https://www.bma.org.uk/pay-and-contracts/contracts
95. Magalhães, M. *Vida de médico: quais as condições de trabalho em Portugal?* [Internet]. 2018 [citado 27 de setembro de 2019]. Disponível em: https://shifter.sapo.pt/2018/05/medico-condicoes-trabalho-em-portugal/
96. OIT. *Convenção n.º 1 sobre Duração do Trabalho (Indústria)* [Internet]. 1919. Disponível em: https://www.ilo.org/lisbon/oit-e-portugal/WCMS_689988/lang--pt/index.htm
97. Hernández, M. B. *Tiempo de trabajo y tiempo de descanso* [Internet]. Universidad de Alicante; 2016. Disponível em: http://hdl.handle.net/10045/77388
98. Parlamento Europeu e do Conselho. *Directiva 2003/88/CE* [Internet]. 2003. Disponível em: http://data.europa.eu/eli/dir/2003/88/oj
99. Leviton, L. C. *et al.* Teaching evaluation using evaluability assessement. Em: *Evaluation.* 1998. p. v. 4, n.º 4, pp. 389–409.
100. Leviton, L. C., Kettel Khan, L., Rog, D., Dawkins, N., and Cotton, D. Evaluability Assessment to Improve Public Health Policies, Programs, and Practices. *Annu Rev Public Health.* 2010;
101. Lima, L. & Silva, L. Saúde Pública – Ampliação do acesso à atenção oftalmológica: um estudo sobre a avaliabilidade da campanha «De Olho na Visão», *Goiás*, 2004 [Internet]. 2007 [citado 1 de maio de 2019]. Disponível em: https://www.scielosp.org/scielo.php?pid=

102. Worthen, R. B., Sanders, J. R., Fitzpatrick, J. L. Identificação e seleção de perguntas e critérios. Em: *Avaliação de Programas: concepções e práticas.* São Paulo: Gente, São Paulo; 2004. p. cap. 14, pp. 341–371.
103. Rossi, P. H., Lipsey, M. W., Freeman, H. E., Lipsey, M. W., Freeman, H. E. Expressing and assessing Program theory. Em: *Evaluation: A System approach.* 7$^{th}$ ed. California: Sage; 2004. p. Cap. 5, 133–166.
104. Thurston, W. E., Ramaliu, A. Evaluability assessment of a survivors of torture program: lessons learned. *The Canadian Journal of Program Evaluation.* 2005;20 (2):1–25.
105. McNicholas, C. *A scientific approach to improvement: the use of Plan-Do-Study-Act cycles in healthcare.* junho de 2016 [citado 22 de julho de 2020]; Disponível em: http://spiral.imperial.ac.uk/handle/10044/1/43360
106. Denis, J. L., Champagne, F. Análise da Implantação. Em: Hartz, Z. (org.). *Avaliação em Saúde: dos modelos conceituais à prática na análise da implantação de programas.* Rio de Janeiro, Brasil: Editora FIOCRUZ; 1997. pp. 49–88.
107. Portugal. Assembleia da República. Lei Constitucional n.º 1/2005, *Diário da República,* 1.ª Série–A, n.º 155, de 12 de agosto [Internet]. 2005. Disponível em: https://dre.pt/constituicao-da-republica-portuguesa
108. Kellogg, W. K. Foundation. Uso de su modelo lógico para planificar la evaluación – Formulación de preguntas de evaluación. Em: *Guia de Desarrolo de Modelos Lógicos.* Michigan; 2001. p. cap. 4, pp. 35–48.
109. Leathard, A. (ed.) *Interprofessional collaboration: from policy to practice in health and social care.* Hove ; New York: Brunner-Routledge; 2003. p. 378
110. Pustai, O. J. *A «Ordem» de-vida para o médico pensar o paciente: uma ontologia espinosiana de ser humano na medicina.* Universidade Federal do Rio Grande do Sul; 2006.
111. Jorge, A. A Saúde e o Estado: O SNS aos 40 anos. Em: *Saúde, um direito humano – Relatório Primavera 2019* [Internet]. Lisboa: Observatório Português dos Sistemas de Saúde; 2019. pp. 28–32. Disponível em: http://opss.pt/relatorios/relatorio-primavera-2019/
112. Peersman, G., Guijt, I., Pasanen, T. *Evaluability Assessment for Impact Evaluation. Guidance, Checklist and Decision Support* [Internet]. Methods LAB; 2015. Disponível em: https://www.odi.org/sites/odi.org.uk/files/odi-assets/publications-opinion-files/9802.pdf
113. Suchman, E. A. *Evaluative Research: principles and practice in public service and social action program.* New York: Russel Sage; 1967.
114. Dalfior, E. T., Lima, R. de C. D., Andrade, M. A. C. Reflexões sobre análise de implementação de políticas de saúde. *Saúde debate.* março de 2015;39(104):210–25.
115. OECD, European Union. *Health at a Glance: Europe 2020: State of Health in the EU Cycle* [Internet]. OECD; 2020 [citado 6 de fevereiro de 2021]. (Health at a Glance: Europe). Disponível em: https://www.oecd-ilibrary.org/social-issues-migration-health/health-at-a-glance-europe-2020_82129230-en
116. Portugal. Ministério da Saúde. Decreto-Lei n.º 266–D/2012 – *Diário da República* n.º 252/2012, 2.º Suplemento, Série I, de 31 de dezembro [Internet]. Disponível em: https://data.dre.pt/eli/dec-lei/266-d/2012/12/31/p/dre/pt/html
117. Portugal. Pr. Cons. Ministros. Decreto-Lei n.º 10–A/2020, *Diário da República* n.º 52/2020, 1.º Suplemento, Série I de 13 de março [Internet]. Disponível em: https://data.dre.pt/eli/dec-lei/10-A/2020/03/13/p/dre

118. Portugal. Pr. Cons. Ministros. Decreto-Lei n.º 89/2020, *Diário da República* n.º 202/2020, Série I de 2020-10-16 [Internet]. Disponível em: https://dre.pt/web/guest/legislacao-consolidada/-/lc/152166518/202102041619/exportPdf/normal/1/cacheLevelPage?_LegislacaoConsolidada_WAR_drefrontofficeportlet_rp=indice
119. Portugal. Pr. Cons. Ministros. Decreto-Lei n.º 99/2020, *Diário da República* n.º 227-B/2020, Série I de 2020-11-22 [Internet]. Disponível em: https://data.dre.pt/eli/dec-lei/99/2020/11/22/p/dre
120. Portugal. Pr. Cons. Ministros. Decreto-Lei n.º 10-A/2021, *Diário da República* n.º 22/2021, 2.º Suplemento, Série I de 2021-02-02 [Internet]. Disponível em: https://data.dre.pt/eli/dec-lei/10-A/2021/02/02/p/dre
121. Gabinete da Ministra S. Eixos estratégicos da política de recursos humanos do SNS [Internet]. Despacho 6417/2022 p. *Diário da República* n.º 98/2022, Série II de 2022-05-20, pp. 229-232. Disponível em: https://dre.pt/dre/detalhe/despacho/6417-2022-183757888
122. Davies, A. Anexo E – Governo das Sociedades em Portugal. Em: *Corporate Governance – Boas Práticas de Governo das Sociedades*. Lousã: Monitor – Projetos e Edições, Lda.; 2006. pp. 233 a 263.
123. Bernardino, M., Abecasis, A., Craveiro, I. Estudo de avaliabilidade da política de organização da atividade médica em Portugal. Em: Hartz, Z., *Inovação, humanidade e dinamismo na pesquisa, no ensino, na gestão e na avaliação em saúde* [Internet]. Brasília: LEIASS; v.7; 2021. pp. 160–87. Disponível em: https://www.conass.org.br/biblioteca/zulmira-hartz-inovacao-humanidade-e-dinamismo-na-pesquisa-no-ensino-na-gestao-e-na-avaliacao-em-saude/